Hexenküche

Raffinierte Gerichte für
Liebe, Erfolg und Gesundheit

Hexenküche

Raffinierte Gerichte für
Liebe, Erfolg und Gesundheit

OTUS

Kapitel 5
Allerlei Verführerisches

Kapitel 6
Mixturen und Tränke

8

Vorwort

Dieser Kodex gewährt dir Einblick in uraltes Wissen und Geheimnisse der besten Hexen und Kräuterweiber. Über die Jahrhunderte gesammelt und nun hier vereint, um dir und deinesgleichen zu Diensten zu sein. Diese heilenden, reinigenden, stärkenden und Glück bringenden Speisen und Tränke sollen dich zurück zu deinen Wurzeln führen und verleihen dir Macht und Einfluss über all jene, die du zu verhexen suchst. Doch beachte wohl, dass du die hier niedergeschriebenen Hexenformeln und Beschwörungen achtsam und gewissenhaft anwendest, um dir selbst und deinen Nächsten jedwedes ungewolltes Unheil zu ersparen. Bewahre dieses Buch sorgsam an einem gut gewählten und geheimen Ort auf, damit kein Unglück und Verderben durch Missbrauch von Unwissenden oder jenen, die Übles im Schilde führen, über uns alle kommen möge!

Speis und Tränke, du wirst lachen,
sind nicht nur da, um satt zu machen.
(Kodizes der Grundsätze aller Hexerei)

Kräuter - ABC

Basilikum

Verwende Blätter. Medizinisch: beruhigende, fiebersenkende, krampflösende, stimmungsaufhellende, stimulierende, verdauungsfördernde Wirkung (gegen bakterielle Infektionen und gegen Darmparasiten).

Bärlauch

Verwende Blätter. Medizinisch: adstringierend, anregend, antibiotisch, appetitfördernd, blutreinigend, entzündungshemmend, harntreibend, hautreizend, krampflösend, schleimlösend, schweißtreibend, tonisierend.

Bärwurz

Verwende Blätter und Wurzel. Medizinisch: wirkt appetitfördernd, entblähend, entgiftend, menstruationsfördernd, tonisierend, magenstärkend, herzstärkend.

Beifuß

Verwende die Blattpflanzenspitzen. Medizinisch: appetitanregend, verdauungsfördernd, Gallenfluss regelnd.

Beinwell

Verwende Blätter und Wurzel als Gemüse und Tee. Medizinisch: magenfreundlich und entzündungshemmend.

Berberitze

Verwende Früchte als Kompott und Saft. Medizinisch: leber- und gallenfreundlich.

Birke

Verwende Blätter als Gemüse und Salat. Medizinisch: nierenfreundlich, entwässernd, blutreinigend.

Bockshornklee

Verwende Samen als Zugabe. Medizinisch: appetitanregend, und verdauungsfördernd.

Breit- und Spitzwegerich

Verwende Blätter für Gemüse und Salat. Medizinisch: vitamin- und mineralstoffreich, magenfreundlich.

Brennnessel

Verwende junge Blätter, Zweigspitzen, Krautspitzen als Gemüse, Suppe, Salat. Medizinisch: faserstoff-, vitamin- und mineralstoffreich, blutreinigend, entwässernd.

Brombeerblätter

Verwende sie als Tee, Gemüse, Salat. Medizinisch: vitamin- und mineralstoffreich.

Dill

Verwende Blätter und Samen. Medizinisch: appetitfördernd, blähungshemmend, krampflösend, milchfördernd, verdauungsfördernd, schlaffördernd.

Eberraute

Verwende Kraut und Blätter. Medizinisch: abwehrsteigernd, antibakteriell, beruhigend, harntreibend, krampflösend, tonisierend, magenstärkend, wurmtreibend, menstruationsfördernd und antiseptisch

Erdbeerblätter

Verwende sie als Tee, Gemüse, Salat. Medizinisch: reich an Mineralstoffen.

Gänseblümchen

Verwende Blätter und Blütenknospen als Gewürz, Dekor, Suppe, Salat. Medizinisch: regen den Stoffwechsel an.

Gundermann

Verwende Blätter und Krautspitzen für Salate und als Suppenwürze. Medizinisch: mineralstoffreich, appetitanregend.

Himbeerblätter

Verwende sie für Gemüse und Salat. Medizinisch: reich an Vitaminen und Mineralstoffen.

Hirtentäschelkraut

Verwende Blätter und Krautspitzen als Salat- und Gemüsebeigaben. Medizinisch: darmanregend, vitamin- und mineralstoffreich.

Huflattich

Verwende Blätter für Suppen und Gemüse. Medizinisch: magenfreundlich und appetitanregend.

Kerbel

Verwende das ganze Kraut. Medizinisch: harntreibend, entgiftend, blutbildend, blutreinigend, stoffwechselfördernd und entwässernd, schlaffördernd.

Linde

Verwende Blätter als Beigabe für Salat, Gemüse, aufs Butterbrot. Medizinisch: fördert allgemeines Wohlbefinden.

Löwenzahn

Verwende junge Blätter als Beigabe für Salat, Suppe, Gemüse. Medizinisch: gut für Galle, Magen, Leber.

Lungenkraut

Verwende Blätter für Salat, Suppe, Teezubereitung. Medizinisch: reich an Kieselsäure und Mineralstoffen.

Melisse

Verwende das ganze Kraut. Medizinisch: anregend, antibakteriell, aufmunternd, beruhigend, entspannend, krampflösend, kühlend, schmerzstillend, schweißtreibend und virushemmend.

Minze

Verwende Blätter. Medizinisch: abwehrstärkend, antiseptisch, durchblutungsfördernd, entblähend, entzündungshemmend, gegen Übelkeit, krampflösend, kühlend.

Nachtkerze

Verwende die Wurzeln als Gemüse, Salat. Medizinisch: magen- und darmfreundlich.

Pastinake

Verwende Blätter, Krautspitzen, Wurzeln als Gemüse und Gewürz. Medizinisch: appetit- und darmanregend.

Quendel

Verwende das Kraut als Gewürz. Medizinisch: verdauungsfördernd, schleimlösend, krampflösend, beruhigend, entzündungshemmend.

Rosmarin

Verwende Blätter und Blüten. Medizinisch: adstringierend, anregend, antibakteriell, entspannend, entzündungshemmend, krampflösend, pilztötend, schmerzstillend, tonisierend.

Salbei

Verwende Blätter. Medizinisch: adstringierend, antibakteriell, blutstillend, entzündungshemmend, harntreibend, krampflösend, tonisierend.

Sauerampfer

Verwende junge Blätter und Krautspitzen als Gemüse, Salat. Medizinisch: appetitanregend, blutreinigend, entwässernd und mineralstoffreich, reich an Vitamin C.

Schafgarbe

Verwende junge Blätter im Frühjahr als Salatbeigabe. Medizinisch: regt Leber und Darm an.

Scharbockskraut

Verwende junge Blätter im Frühjahr zum Würzen und als Salatbeigabe. Medizinisch: vitaminreich, verdauungsfördernd.

Schlehdorn

Verwende Früchte als Würze zum Brot. Medizinisch: appetitanregend.

Sumpfdotterblume

Verwende Blätter als Salat und Gewürz. Medizinisch: vitaminreich, verdauungsfördernd.

Thymian

Verwende Blätter. Medizinisch: anregend, antibakteriell, beruhigend, blutstillend, desinfizierend, entzündungshemmend, krampflösend, schleimlösend, schmerzstillend, schweißtreibend, tonisierend.

Vogelmiere

Verwende ganzes Kraut als Gewürz und Salatbeigabe. Medizinisch: reich an Vitaminen- und Mineralstoffen.

Wegwarte

Verwende junge Blätter im Frühjahr als Beigabe zu Gemüse, Salat, Soßen. Medizinisch: appetitanregend, fördert Leber- und Gallenstoffwechsel.

Weiße Taubnessel

Verwende Blätter zu Gemüse, Salat, als Gewürz. Medizinisch: reich an Vitaminen- und Mineralstoffen.

Wiesenbocksbart

Verwende junges Kraut im Frühjahr, welches kurz vor der Blüte ist! Verwende es wie Salat. Medizinisch: magenfreundlich, reich an Vitaminen- und Mineralstoffen.

Wiesenklee

Verwende Blüten, Blätter als Salatbeigabe. Medizinisch: appetitanregend, leberfreundlich.

Wiesenknöterich

Verwende Blätter als Beigabe zu Gemüse, Salat. Medizinisch: beruhigend, adstringierend, kühlend, entzündungshemmend.

Ihr Kräutergeister, die ich rief,
von Wald und Wiesen kommt herbei,
bringt mir Wiesenklee und Akelei
und etwas von der tauben Nessel,
hinein in meinen Hexenkessel!
Sauerkraut und Zwiebel pur,
alle Kraft aus der Natur.

(Kräuterhexe Syriana)

Hat der Inquisitor dich im Blick,
wehr ihn ab durch einen Hexentrick.
Ist er immer noch nicht fort,
begrab ihn an einem finstren Ort.
Lässt er dies nicht mit sich machen,
hast du leider nichts zu lachen.
Doch Möglichkeiten hast du drei:
Klag du ihn an der Hexerei!

(Hexe Myrica, die Hinterlistige)

17

Eingemachte Lavendel-Pfirsiche

(Für 6 Gläser)
6 Pfirsiche (je ca. 150 g)
6 Lavendelblüten
(frisch oder getrocknet)
300 g Zucker
500 ml Weißwein
500 ml Wasser

Zuerst werden die Einmachgläser und Gummiringe (passend zu den Gläsern) in siedendem Wasser ca. fünf Minuten sterilisiert. Anschließend auf einem sauberen Geschirrtuch trocknen lassen. Die Pfirsiche werden auf der oberen Seite kreuzweise eingeschnitten und anschließend in kochendem Wasser 10 bis 15 Sekunden blanchiert. Die Früchte dann kurz mit kaltem Wasser abschrecken und enthäuten. Die Pfirsiche werden noch halbiert und entsteint, bevor sie zusammen mit dem Lavendel in die Einmachgläser verteilt werden. Den Zucker in Weißwein und Wasser aufkochen, bis er vollständig aufgelöst ist. Die Pfirsiche in den Gläsern damit übergießen, bis ca. 3 cm unterhalb des Glasrandes. Vor Verschließen der Gläser unbedingt die Ränder abtrocknen, dann die Deckel mit Gummiringen und Klammern darauf festmachen. Die gefüllten Gläser in einen Bräter stellen und auf der 2. Schiene von unten in den kalten Ofen schieben. Danach heißes Wasser in den Bräter füllen, 3 bis 4 cm hoch. Den Ofen auf 180° C (Umluft 170° C) aufheizen, bis in den Gläsern kleine Perlen aufsteigen. Anschließend die Temperatur auf 150° C (Umluft 130° C) reduzieren und die Pfirsiche 20 Minuten einkochen. Im ausgeschalteten Backofen die Gläser abkühlen lassen. Bei kühler und dunkler Lagerung sind die Pfirsiche ca. sechs Monate haltbar.

Johannisbeer-Rosengelee

(für 5 Gläser)
350 g Rohrzucker
1 Pck. Konfigel oder
Gelfix 3:1
900 ml Johannisbeersaft
2 TL Rosenwasser
getrocknete Rosenknospen

Zucker und Konfigel oder Gelfix mit dem Johannisbeersaft und Rosenwasser ca. drei Minuten köcheln. Anschließend in heiß ausgespülte Gläser füllen und ein bis zwei Rosenknospen in jedes Glas dazugeben. Die Gläser sofort verschließen und auf den Deckel stellen, bis das Gelee zu gelieren beginnt.

Zwetschgengsälz mit Walnüssen

(für 4–5 Gläser)
80 g Walnusskerne
2 EL Zucker
1 kg Zwetschgen
1 kg Gelierzucker
Saft von 1 Zitrone
2 EL Zwetschgenwasser

Die Walnüsse in einer fettfreien Pfanne leicht anrösten, mit dem Zucker bestreuen und bei niedriger bis mittlerer Temperatur karamellisieren. Die Zwetschgen waschen, entsteinen und vierteln. Nach dem Waschen und Entsteinen nochmals abwiegen. Dann mit dem Gelierzucker und dem Zitronensaft zusammen in einem großen Topf mischen, aufkochen und vier Minuten sprudelnd kochen lassen. Anschließend das Zwetschgenwasser und die Walnüsse unterrühren. Heiß in saubere, heiß ausgespülte Gläser füllen und diese gut verschließen. Während des Abkühlens zuerst für einige Minuten auf den Deckel stellen, dann die Gläser mehrmals umdrehen, damit sich die Zutaten besser vermischen.

Süßsaure Mirabellen

(für 4–5 Gläser)
500 ml Weinessig
500 ml Wasser
250 g Zucker
6 Gewürznelken
1 Stück frische Ingwerknolle
1 Zimtstange
1 Vanilleschote
750 g Mirabellen

Den Essig, das Wasser und den Zucker mit allen Gewürzen, der ausgeschabten Vanilleschote und der geschälten Ingwerknolle in einem Topf bei geringer Hitze kochen lassen. Die Mirabellen waschen, gut abtropfen lassen und jede Frucht mit einem Holzspieß mehrmals einstechen. Dann portionsweise in den Gewürzsud geben und etwa 10 Minuten kochen lassen. Danach die Mirabellen herausschöpfen, in vorbereitete, heiße Gläser füllen und mit der heißen Flüssigkeit übergießen. Die Gläser sofort gut verschließen und für einige Minuten auf den Deckel stellen.

Duftrosen in Apfelgelee

(für 7 Gläser)
40 Duftrosenblätter
2 feste Äpfel (je ca. 200g)
Saft von 1 Zitrone
500 g Gelierzucker (2:1)
700 ml Apfelsaft

Die Rosenblätter kurz unter fließendem Wasser abspülen (bei Bio-Rosen kann darauf verzichtet werden) und zum Trocknen auf ein Geschirrtuch oder Küchenkrepp legen. Aus den geschälten und entkernten Äpfeln werden dünne Ringe gehobelt, die man mit dem Zitronensaft beträufelt. Zucker im Apfelsaft auflösen und zum Kochen bringen. Dann die Rosenblätter dazugeben und das Ganze ca. drei Minuten unter Rühren kochen lassen. Die Apfelringe dazugeben und alles nochmal kurz köcheln, bis die Ringe weich und glasig sind. Das Gelee sofort in heiß ausgespülte Gläser füllen, diese fest verschließen und für ca. fünf Minuten auf den Deckel stellen. Damit sich die kleinen Rosenblätter und die Apfelringe im Glas gleichmäßig verteilen, sollten die Gläser, während sie abkühlen, mehrmals gewendet werden.

Kürbis-Apfel-Marmelade

(für 8 Gläser à 400 ml)
2 kg Kürbis
1 kg Äpfel
1 kg Gelierzucker 2:1
1 TL Ingwerpulver
Saft von 1 Zitrone

Den Kürbis in Spalten schneiden, die Schale und die Kerne entfernen und das Fruchtfleisch in kleine Stücke schneiden. Die Äpfel ebenso schälen, entkernen, klein schneiden und beides mit wenig Wasser weich kochen. Nun den Gelierzucker, das Ingwerpulver und den Zitronensaft zugeben und alles nochmals ca. drei Minuten kochen lassen. Dann die heiße Marmelade in saubere Gläser füllen und diese fest verschließen. Die Gläser für ca. fünf Minuten auf den Deckel stellen.

Aprikosenchutney mit Ingwer und Minze

(für 5 Gläser)
500 g reife Aprikosen
200 g milde Zwiebeln
1 kleine rote Peperoni
1 Stück Ingwer
(walnussgroß)

75 g Rosinen
200 ml Aprikosennektar
50 ml Weißweinessig
250 g Gelierzucker (2:1)
1 Knoblauchzehe
2 EL Pfefferminzblätter

1 TL Senfkörner
1 TL schwarzer Pfeffer
aus der Mühle
1 TL Currypulver
Salz

Die Aprikosen waschen, häuten und fein würfeln. Die Zwiebeln schälen, fein hacken und die Peperoni und den Ingwer fein würfeln. Alles zusammen mit den Rosinen, dem Aprikosennektar, dem Essig und dem Gelierzucker in einen Topf geben. Den Knoblauch hineinpressen und die fein gewiegte Pfefferminze dazugeben. Die Mischung zum Kochen bringen und fünf Minuten köcheln lassen, dann Senfkörner, Pfeffer und Curry hinzufügen und das Ganze mit Salz abschmecken. Das Chutney randvoll in heiß ausgespülte Gläser füllen, mit den Deckeln verschließen und ein paar Minuten auf den Kopf stellen.

Apfelmus mit Pfiff

(für 3–4 Gläser)
1 kg Äpfel
6 EL Wasser
75 g brauner Zucker
½ Vanilleschote
1 Zimtstange

Die Äpfel waschen, schälen, vierteln und entkernen. Dann zusammen mit Wasser und dem Zucker in einen Topf geben und zum Kochen bringen. Die Vanilleschote und die Zimtstange zugeben und die Äpfel weich kochen. Die Gewürze wieder herausnehmen und die Äpfel pürieren. Das heiße Apfelmus in saubere, heiß ausgespülte Gläser füllen, sofort dicht verschließen und die Gläser für einige Minuten auf den Deckel stellen.

Würziges Rhabarberkompott

(für 3 bis 4 Gläser)
500 g Rhabarber
200 ml Apfelsaft
100 ml Wasser
200 g Zucker
1 Zimtstange
3 Gewürznelken
1 Vanilleschote

Den Rhabarber waschen, schälen (bei jungem Rhabarber nicht nötig) und in kleine Stücke schneiden. Den Apfelsaft mit dem Wasser, dem Zucker und allen Gewürzen in einen Topf geben und zum Kochen bringen. Den Rhabarber dazugeben und etwa 10 Minuten bissfest garen. Die Gewürze wieder herausnehmen und das heiße Kompott in saubere, heiß ausgespülte Gläser füllen. Diese sofort dicht verschließen und für einige Minuten auf den Deckel stellen.

Himbeeressig

(für 1 l)
1 kg Himbeeren
1 l Weißweinessig

Bitte nur frische Himbeeren verwenden und diese sorgfältig verlesen, nicht waschen. Die Beeren in ein sauberes Gefäß füllen, z. B. in ein großes Einmachglas, den Essig darübergießen und gut verschließen. Dann für 7 bis 10 Tage auf eine Fensterbank stellen und den Essig durchziehen lassen. Das Glas zweimal täglich leicht kreisend schwenken. Danach den Essig durch ein sauberes Mulltuch filtern und in eine große oder mehrere kleine, gut verschließbare Glasflaschen füllen. Dunkel aufbewahren.

Quitten-Meerrettich-Mus

(für 10 Gläser à 400 ml)
4 kg Quitten
720 g Zucker
2 l Apfelsaft
1,2 l trockener Weißwein
120 g geriebenener Meerrettich
4 entkernte Chilischoten
Saft von 4 Zitronen
4 EL Balsamicoessig
4 EL Kräutersalz
weißer Pfeffer

Die Quitten waschen, schälen, vierteln, entkernen und in gleichmäßige Spalten schneiden. Den Zucker auf kleiner Flamme karamellisieren lassen. Den Apfelsaft zusammen mit dem Weißwein aufkochen und über den Zucker gießen. Die Quitten dazugeben und in der Flüssigkeit weich garen. Nun die Hälfte der Quitten herausnehmen, grob hacken und als Einlage beiseitestellen. Die weich gegarten Quitten in der Flüssigkeit pürieren, danach den Meerrettich, die Chilischoten und die übrigen Quittenstücke dazugeben. Den Topf vom Herd nehmen und das Ganze mit Zitronensaft, Essig, Kräutersalz und Pfeffer würzen. In vorgewärmte Gläser füllen und diese sofort verschließen.

Löwenzahngelee

(für 8–12 Gläser)
2 gehäufte Doppelhände voll Löwenzahnblüten
1 l Wasser
Saft von 1 Zitrone
600 g Gelierzucker (2:1)

Löwenzahnblüten möglichst an einem sonnigen Tag, jedoch nicht von einer gedüngten Wiese und nicht in der Nähe einer stark befahrenen Straße ernten. Die Blüten vom Blütenkelch trennen. Die gelben Blütenblätter auszupfen oder mit der Schere abschneiden. Dann in 1 l Wasser kurz aufkochen und mindestens 12 Stunden (über Nacht) bedeckt ruhen lassen. Am nächsten Tag den Saft abseihen und die verbliebene Blütenmasse ausdrücken. Zusammen mit dem Zitronensaft und dem Gelierzucker aufkochen. Eventuell noch 2–3 Minuten weiterkochen (je nach Konsistenz). Die heiße Masse in saubere Gläser füllen und diese sofort verschließen.

Holunderblütengelee

(für 4 Gläser)
900 ml Wasser
2 unbehandelte Zitronen
10 große Holunderblütendolden
500 g Gelierzucker (2:1)
3 TL Weißwein
(oder Orangensaft)

Das Wasser in einen großen Topf oder Eimer füllen, die in Scheiben geschnittenen Zitronen dazugeben und die Holunderblütendolden für ca. 24 Std. darin einlegen. Anschließend die Flüssigkeit durch ein feines Sieb seihen und mit dem Gelierzucker aufkochen. Je nach Geschmack einige Zitronenschalenstreifen, wenige TL Weißwein oder Orangensaft zugeben. Das Gelee heiß in saubere Gläser füllen und diese sofort verschließen. Für ca. fünf Minuten auf den Deckel stellen.

Heidelbeer-Thymian-Konfitüre

(für 2 Gläser à 400 ml)
500 g Heidelbeeren
350 g Zucker
1 Beutel Gelfix Super
(3:1, 25 g)
2 El Zitronensaft
2 El Thymianblätter

Die Heidelbeeren verlesen, im Sieb waschen und gut abtropfen lassen. Den Zucker mit dem Gelfix in einem großen Topf mischen. Die Früchte, den Zitronensaft und die Thymianblätter dazugeben. Alles zusammen aufkochen und mindestens drei Minuten unter Rühren kochen lassen. Anschließend die heiße Konfitüre in saubere Gläser füllen und diese fest verschließen. Für ca. 10 Minuten auf den Deckel stellen.

Probiere die Heidelbeer-Thymian-Konfitüre auch mal zusammen mit Käse, das schmeckt vorzüglich!

Essigpflaumen

(für 2 Gläser)
300 g Pflaumen
oder Zwetschgen
150 ml Apfelessig
150 ml Wasser
150 ml Blütenhonig
1 Zimtstange
etwas Ingwer
1 Nelke
1 Sternanis
etwas Naturvanille
1 TL Zitronenschale

Die Pflaumen oder Zwetschgen waschen, halbieren und entsteinen. Den Apfelessig mit dem Wasser und dem Honig mischen und alle Gewürze zugeben. Die Flüssigkeit zum Kochen bringen und die Früchte darin 10–15 Minuten leicht köcheln lassen. Anschließend die Pflaumen herausnehmen und den Sud zu 1/3 einkochen. Die Pflaumen dann nochmals kurz im Sud mitkochen, heiß in saubere Gläser füllen und mit dem Sud begießen. Die Gläser sofort fest verschließen und für ca. 10 Minuten auf den Deckel stellen (bis sie ausgekühlt sind).

Gurken mit Dill und Knoblauch

(für 6 Gläser à 1000 ml)
3 kg kleine Einmachgurken
6 große Zwiebeln
6 kleine, rote Chilischoten
6 Knoblauchzehen
6 Dillzweige
100 g Salz
2 l Wasser
1 l Weißweinessig oder Apfelessig

Die Gurken waschen (evtl. abbürsten) und in die vorbereiteten Einmachgläser füllen. Die Zwiebeln schälen, in dicke Scheiben schneiden und die Knoblauchzehen schälen. Dann in jedes Glas eine Zwiebel, eine Chilischote, eine Knoblauchzehe und einen Dillzweig geben. Nun das Salz in Wasser und Essig auflösen und das Ganze zum Kochen bringen. Den Sud kochend über die Gurken gießen (bis unter den Rand) und die Gläser sofort verschließen.

Würzig eingelegte Tomaten

(für 4 Portionen)
400 g kleine Tomaten
2 Knoblauchzehen
100 g Zucker
60 ml Rotweinessig
(oder 40 ml
Balsamicoessig)
100–120 ml Wasser
2 Lorbeerblätter
Salz
½ TL frisch gemahlener
schwarzer Pfeffer

Die Tomaten in kochendem Wasser 10 Sekunden blanchieren und anschließend mit kaltem Wasser abschrecken. Danach lassen sie sich leicht häuten. Die Knoblauchzehen schälen und in Stücke schneiden. Nun den Zucker in einem Topf karamellisieren, bis er eine hellbraune Färbung hat, und mit dem Essig und dem Wasser ablöschen. Knoblauch, Lorbeerblätter, Salz und Pfeffer dazugeben und alles zusammen kochen, bis sich der Zucker vollständig aufgelöst hat. Den Sud etwas abkühlen lassen und ihn dann über die gehäuteten Tomaten gießen. Das Ganze über Nacht marinieren lassen.

Eingemachter Kürbis

(6 Gläser à 400 ml)
2 kg Muskatkürbis
2 unbehandelte Zitronen
2 unbehandelte Orangen

1 l Wasser
250 ml Weißweinessig
4 EL Balsamicoessig
400 g brauner Zucker

1 gestr. TL Salz
8 Gewürznelken
2 Zimtstangen
30 g frische Ingwerknolle

Den Kürbis schälen, die Kerne und das faserige Fruchtfleisch entfernen und das Kürbisfleisch würfeln (ca. 2 x 2cm). Die Zitronen und die Orangen so schälen, dass keine weiße Haut mehr an den Schalen ist, und die Früchte auspressen. 1 l Wasser mit Weißweinessig, Balsamico, den Zitrusschalen und dem Saft sowie dem Zucker und allen Gewürzen in einem Topf zum Kochen bringen. Die Kürbiswürfel mit dem heißen Sud übergießen und mindestens zwei Tage abgedeckt durchziehen lassen. Die Kürbiswürfel samt Sud und Gewürzen werden anschließend durch ein Sieb gegossen und die Flüssigkeit in einem Topf aufgefangen. Den Sud (ohne Gewürze) nun auf die Hälfte einkochen lassen und die Kürbiswürfel portionsweise 6–8 Minuten mitkochen lassen. Mit einem Schaumlöffel den Kürbis herausnehmen, in saubere Einmachgläser füllen und mit dem heißen Sud übergießen. Die Gläser sofort verschließen.

Eingelegter Knoblauch

(für 4 Portionen)
500 ml Gurkenmeister-Essig
250 ml Wasser
4 TL Zucker
20 schw. Pfefferkörner
20 Pimentkörner
4 Lorbeerblätter
2 Nelken
500 g Knoblauch
Olivenöl zum Bedecken

Einen Sud aus Essig, Wasser, Zucker und den Gewürzen fünf Minuten kochen lassen, dann die geschälten Knoblauchzehen darin einlegen. Alles nochmals kurz aufkochen (ca. zwei Minuten) und anschließend heiß in saubere Einmachgläser füllen. Mit etwas Olivenöl bedecken und die Gläser sofort gut verschließen. Vor dem Verzehr mindestens vier Tage durchziehen lassen.

Eingelegte Pilze

(3 Gläser à 400 ml)
1 kg gemischte Pilze
(z. B. Pfifferlinge,
Champignons, Steinpilze)
4 Knoblauchzehen

400 ml Obstessig
250 ml Wasser
1 TL schwarze Pfeffer-
körner
1 unbehandelte Zitrone

3 Lorbeerblätter
6 Thymianzweige
600–700 ml Olivenöl

Die Pilze verlesen, putzen und eventuell halbieren (je nach Größe). Den geschälten Knoblauch in dünne Scheiben schneiden oder hobeln. Den Essig mit dem Wasser, den Pfefferkörnern und den Knoblauchscheiben aufkochen. Die Pilze in drei Portionen aufteilen und jeweils acht Minuten in dem Sud kochen lassen. Danach die Pilze mit einem Schaumlöffel herausnehmen und abtropfen lassen. Den Sud durch ein Sieb gießen und die Pfefferkörner und den Knoblauch beiseitestellen. Von der Zitronenschale vier Streifen abschneiden, diese mit den Lorbeerblättern, dem Thymian, den Pfefferkörnern, dem Knoblauch und den Pilzen in Einmachgläser schichten. Das Olivenöl leicht erhitzen und in die Gläser füllen. Der Inhalt muss mit Öl bedeckt sein. Die Gläser gut verschließen und ca. drei Tage durchziehen lassen.

Kräuter-Blütenessig

(für 2 Flaschen à 500 ml)
1 l Weißweinessig
2 Hand voll Lavendelblüten und
je 1 Hand voll Borretschblüten, Speisechrysanthemen, Zitronenmelisse, Zitronenthymian, Thymian und Pfefferminze
5 Zweige Rosmarin

Den Essig mit allen Kräutern und Blüten in ein großes, gut verschließbares Einmachglas geben und an einem warmen und hellen Ort für mindestens vier Wochen stehen lassen. Dann den Essig abfiltern, in saubere, gut verschließbare Flaschen füllen und eventuell einzelne Blüten dazugeben.

Steinpilzöl

(für 1 Flasche à 500 ml)
500 ml Rapsöl
20 g Steinpilze
10 g getrocknete Tomaten
2–3 Thymianzweige
1 TL schwarze Pfefferkörner
1 Lorbeerblatt

Das Öl mit allen angegebenen Zutaten in eine saubere Flasche füllen, diese gut verschließen und mindestens eine Woche lang durchziehen lassen.

Petersilienöl

(für 1 kleine Flasche)
100 ml Traubenkernöl oder Distelöl
1 Bund glatte Petersilie
1 TL Salz

Das Öl mit allen angegebenen Zutaten in eine saubere Flasche füllen, diese gut verschließen und mindestens eine Woche lang durchziehen lassen.

Kräuteröl für Salat und Fisch

(für 1 Flasche à 500 ml)
1 Zweig Thymian
1 Zweig Estragon
1 unbehandelte Zitrone
500 ml Rapsöl

Die Kräuterzweige und 2–3 Zitronenscheiben in eine Flasche geben und mit dem Rapsöl aufgießen. Vor Gebrauch einige Zeit durchziehen lassen.

Zitronenöl

(für 1 Flasche à 500 ml)
1 große unbehandelte Zitrone
500 ml Öl (z. B. Rapsöl, Sojaöl, Sonnenblumenöl)

Die Zitrone heiß waschen, abtrocknen und zur Hälfte spiralförmig abschälen. Die andere Hälfte mit dem Zestenreißer behandeln, um die Schale fein abzulösen. Die Schalen in eine saubere Flasche geben und mit dem leicht erwärmten Öl übergießen. Vor dem Gebrauch das Öl 10 bis 14 Tage durchziehen lassen.
Bei längerer Lagerung sollte man einiges von der Zitronenschale herausnehmen, sonst wird das Öl mit der Zeit zu intensiv.

Rosmarin-Gewürzöl

(für 1 Flasche à 500 ml)
3–5 Zweige Rosmarin
1 Zweig Thymian
450 ml Olivenöl
(kaltgepresst, natives)

Die Kräuter werden zunächst an einem Faden aufgehängt und 12 Stunden getrocknet. Dann die Kräuter mithilfe eines Löffelstiels in eine Flasche stopfen und diese mit dem Olivenöl auffüllen. Das Öl mindestens eine Woche lang stehen und durchziehen lassen. Dieses Würzöl hält sich etwa zwei bis vier Monate an einem dunklen Ort.

Bei allen selbst gemachten Ölen unbedingt darauf achten, dass die Zutaten ganz mit Öl bedeckt sind! Die Flaschen außerdem gut verschließen, da Öl durch den Kontakt mit Luft ranzig wird!

Suppenzauber

Hühnerbein und Morchelsud,
macht mich stark und gibt mir Mut.
Gekocht in einer Vollmondnacht,
sich alle Kraft in mir entfacht.
So wird es mir alsbald gelingen,
alles Übel zu bezwingen.

(Hexe Yala Schattenkralle)

43

Heilsame Hühnersuppe

(für 4 Portionen)
1 Suppenhuhn
(od. Hühnerteile)
1 l Wasser
2 Zwiebeln
10 Knoblauchzehen
1 Stück frischer Ingwer
1 oder mehrere Chilischoten
etwas Curry
1 Bund Petersilie
Gewürze wie: Pfeffer,
Koriander, Thymian,
Minze oder Basilikum
(nach Belieben)

Das Suppenhuhn im Wasser ca. eine Stunde lang kochen, dann herausnehmen und beiseitestellen. Alle weiteren Zutaten in die Brühe geben und diese 20 Minuten lang sanft köcheln lassen (dabei immer wieder den aufsteigenden Dampf inhalieren). Die Brühe abseihen, das Fleisch von den Knochen lösen und in die Brühe geben oder anderweitig verwenden.

Die Suppe mehrmals am Tag heiß verzehren. So schützt sie vor Erkältungen und lindert Erkältungsbeschwerden!

Gesunde Sauerampfersuppe

(für 4 Portionen)	Salz
2 Hand voll Sauerampfer	Pfeffer
60 g Mehl	Saft und Schale von
60 g Butter	1 unbehandelten Zitrone
1 Bund Petersilie	1 Becher Rahm
1 l Wasser	(Schmand)

Den Sauerampfer sorgfältig von den Stängeln zupfen, waschen und klein schneiden. Eine helle Mehlschwitze aus Mehl, Butter und Petersilie zubereiten und ansschließend den Sauerampfer dazugeben. Mit 1 l Wasser aufgießen, mit Salz und Pfeffer würzen, Zitronensaft und -schale hineingeben und das Ganze weich kochen. Zum Schluss den Rahm unterrühren und nochmals kurz aufkochen.

Enthält viel Vitamin C!

Kohlrabicremesuppe mit Fleischklößchen

(für 4 Portionen)
1 großer Kohlrabi
6 mittelgroße Kartoffeln
1 l Gemüsebrühe
2 Möhren
Salzwasser
1 Bund Schnittlauch
1 Bund Petersilie
250 g Hackfleisch (vom Rind)
Salz
Pfeffer
Fett zum Braten
1 Prise Muskat
3 EL Schmand

Kohlrabi und Kartoffeln schälen, in Stifte schneiden und in die kochende Gemüsebrühe geben. Das Gemüse 15 Minuten kochen lassen, währenddessen die Möhren schälen, in Stifte schneiden und in separatem Salzwasser bissfest kochen. Schnittlauch und Petersilie waschen, fein wiegen, unter das Rinderhack mischen, salzen und pfeffern und daraus kleine mundgerechte Bällchen formen. Die Bällchen von allen Seiten anbraten. Die Gemüsebrühe vom Herd nehmen, die Hälfte des Gemüses herausnehmen und beiseitestellen. Das übrige Gemüse in der Brühe pürieren und schaumig schlagen. Mit Salz, Pfeffer, Muskat und dem Schmand abschmecken. Nun die Möhren, das restliche Gemüse und die Hackbällchen zugeben und alles auf Esstemperatur bringen. Vor dem Servieren mit gehackter Petersilie bestreuen.

Hagebutten-Selleriecremesuppe

(für 3 Portionen)
2 EL Kürbiskerne
250 g Hagebutten
200 g Knollensellerie
1 Zwiebel
10 g Butter
500 ml Gemüsebrühe
100 ml Apfelsaft
3–4 EL frisch geriebener Meerrettich
1–2 EL Zitronensaft
½ TL Honig
je 1 Msp. Koriander und Muskat
1 Prise Meersalz
1 Prise Pfeffer
100 ml süße Sahne

Die Kürbiskerne in einer beschichteten Pfanne ohne Fett leicht rösten und anschließend grob hacken. Die Hagebutten längs halbieren, die Kerne und die Samenhaare entfernen und die Hagebutten sehr gründlich waschen, sodass die Samenhaare vollständig entfernt werden. Den Sellerie grob würfeln, die Zwiebel fein schneiden und beides in Butter anschwitzen. Mit der Gemüsebrühe und dem Apfelsaft ablöschen. Nun die Hagebutten, 1–2 EL Meerrettich, den Zitronensaft, den Honig und die Gewürze dazugeben und alles zugedeckt weich köcheln. Das Ganze durch ein Sieb passieren und mit Salz und Pfeffer abschmecken. Vor dem Servieren 1–2 EL Meerrettich unterziehen und die steif geschlagene Sahne unterheben. Die Suppe in Tellern anrichten und mit den Kürbiskernen bestreuen.

Gurken-Spinatsuppe

(für 4 Portionen)
1 Salatgurke
1 Zwiebel
15 g Butter
750 ml Gemüsebrühe
50 g tiefgekühlter Blattspinat
150 g Crème fraîche
1 TL Speisestärke
Salz, Pfeffer
etwas frischer Dill

Die Salatgurke schälen, längs halbieren, entkernen und in dünne Scheiben schneiden. Die Zwiebel abziehen und klein würfeln. Die Butter in einem Topf zerlassen und die Zwiebelwürfel und Gurkenscheiben darin andünsten. Mit der Gemüsebrühe ablöschen, den gefrorenen Spinat dazugeben und das Ganze im geschlossenen Topf etwa 10 Minuten bei mittlerer Hitze kochen. Die Crème fraîche mit der Speisestärke verrühren, mit einem Kochlöffel in die Suppe einrühren und kurz aufkochen. Die Suppe pürieren und mit Salz und Pfeffer abschmecken. Zum Schluss mit den Dillblättchen bestreuen.

Knoblauch-Schutzsuppe

(für 4 Portionen)
2–3 Salbeiblätter
etwas Dill, Majoran und Rosmarin
15 Knoblauchzehen
1 l Wasser
1 Brühwürfel
2 Lorbeerblätter
½ Tl Thymian
3–4 El Parmesan
2 Eigelb
2 El Olivenöl
Maisstärke zum Binden
Rahm zum Verfeinern
Pfeffer und Kräutersalz

Die Kräuter fein hacken und die Knoblauchzehen schälen. Das Wasser zum Kochen bringen, den Brühwürfel, die ganzen Knoblauchzehen, die gehackten Kräuter, die Lorbeerblätter und den Thymian hineingeben. Bei mittlerer Hitze etwa 45 Minuten köcheln lassen. Die Knoblauchzehen anschließend aus dem Wasser nehmen und pürieren oder zerdrücken. Es soll dabei ein Knoblauchbrei entstehen. Die Brühe vom Herd nehmen und beiseitestellen. Den Knoblauchbrei dann mit dem Käse, den Eigelben, dem Olivenöl und drei El von der gekochten Kräuterbrühe gut vermischen. Diese Knoblauchmasse in die Kräuterbrühe hineinrühren und langsam wieder zum Köcheln bringen. Nun mit der Maisstärke binden, mit dem Rahm verfeinern und mit Pfeffer und Kräutersalz abschmecken.
Doch beachte: „Benutze über dies hinaus das Hexenauge zum Schutz vor Graus!“

Kerbelsuppe mit Lachsstreifen

(für 4 Portionen)
200 g Frühlingszwiebeln
2 TL Butter
2 TL Pflanzenöl
800 ml Gemüsebrühe
200 g frischer Kerbel
100 ml süße Sahne
je 2 Prisen Salz und Pfeffer
200 g Lachsfilet
2 EL Zitronensaft
2 TL abgeriebene Zitronenschale

Die Frühlingszwiebeln waschen und in feine Röllchen schneiden. Die Butter und das Öl in einem Topf erhitzen und die Zwiebeln darin glasig dünsten. Mit der Brühe ablöschen und kurz aufkochen. Die Kerbelblätter waschen, trocken schütteln, fein hacken und bis auf einen kleinen Rest in die Brühe geben. Die Sahne unterrühren und das Ganze mit Salz und Pfeffer abschmecken. Das Lachsfilet in feine Streifen schneiden, mit Zitronensaft und -schale zur Suppe geben und etwa vier Minuten bei niedriger Hitze gar ziehen lassen. Die Suppe vor dem Servieren mit den restlichen Kerbelblättern garnieren.

Endiviencremesuppe mit Walnüssen

(für 4 Portionen
1 Endiviensalat (400 g)
3 Schalotten
1 EL Öl
750 ml Gemüsebrühe

200 g süße Sahne
100 g feine tiefgefrorene Erbsen
Salz und frisch gemahlener Pfeffer

3 Stängel Minze
2 EL Walnusskerne
1–2 EL Walnussöl

Den Endiviensalat waschen, trocken schütteln und die Blätter in Stücke zupfen. Ein paar helle Herzblätter aus der Mitte beiseitelegen. Die Schalotten abziehen, in feine Ringe schneiden und in einem Topf im heißen Öl glasig dünsten. Die Endivienblätter und die Brühe dazugeben und aufkochen lassen. Anschließend alles miteinander pürieren. Die Sahne und die aufgetauten Erbsen dazugeben und die Suppe aufkochen lassen. Mit Salz und Pfeffer abschmecken. Die Minze in feine Streifen schneiden und vor dem Servieren mit den grob gehackten Walnüssen und den restlichen Salatblättern bestreuen. Abschließend noch etwas Walnussöl darüberträufeln.

Gartenkräutersuppe

(für 4 Portionen)
50 g Zwiebeln
Olivenöl
200 g mehlige Kartoffeln
1 l Gemüsefond
2 Liebstöckelzweige
125 ml süße Sahne
120 g frische Gartenkräuter
(z. B. Petersilie,
Schnittlauch,
Kerbel, usw.)
Salz

Die Zwiebeln schälen, klein würfeln und in einem Topf mit etwas Olivenöl anschwitzen. Die Kartoffeln schälen, ebenfalls würfeln, zu den Zwiebeln geben und leicht anbraten. Mit dem Gemüsefond ablöschen, die Liebstöckelzweige dazugeben und alles weich kochen. Vor dem Pürieren den Liebstöckel herausnehmen, die Sahne und die grob gehackten Gartenkräuter dazugeben und alles erneut pürieren. Zum Schluss eventuell mit etwas Salz abschmecken.

Reinigende Brennnesselsuppe

(für 4 Portionen)
1 Zwiebel
2 EL Butter
2 Hand voll Brennnessel-
blätter (nur die zarten
Spitzen)

1 l Gemüsebrühe
3 Kartoffeln
Salz und Pfeffer

Die Zwiebel schälen, fein würfeln und in einem Topf mit der Butter glasig dünsten. Die gewaschenen Brennnesselblätter dazugeben und mit der Gemüsebrühe ablöschen. Die geschälten Kartoffeln in die Brühe reiben und alles ca. 20 Minuten köcheln lassen. Zum Schluß die Suppe fein pürieren und mit Salz und Pfeffer abschmecken.

Wirkt entschlackend und blutreinigend!

Bärlauchcremesuppe

(für 2 Portionen)
1 Bund Bärlauch
(ca. 300 g)
1 kleine Zwiebel
2 EL Butter
500 ml Gemüsebrühe
125 ml süße Sahne
Salz und Pfeffer

Den Bärlauch waschen und klein schneiden, davon 1 EL Bärlauch besonders fein schneiden oder hacken und beiseitestellen. Die Zwiebel schälen, fein hacken und in einem Topf mit der Butter glasig dünsten. Den Bärlauch dazugeben, mit der Brühe ablöschen und das Ganze aufkochen lassen. Anschließend die Sahne einrühren, alles fein pürieren und mit Salz und Pfeffer abschmecken. Die fein gehackten Bärlauchblätter zum Garnieren über die Suppe streuen.

Bärlauch vertreibt den Winterfrust!

Wärmende Kürbissuppe

(für 6 Portionen)
1 großer Speisekürbis
1–1½ l Hühner- oder Gemüsebrühe
2–4 EL Mehl
1 EL Butter
1 Knoblauchzehe
2 EL brauner Zucker
Salz und Pfeffer
1–2 Msp. Muskat
Curry und Cayennepfeffer
200 ml süße Sahne

Den Kürbis aufschneiden, das Faserige und die Kerne herausnehmen und das Kürbisfleisch mit einem Löffel oder einem Messer herausschälen. In einen großen Kochtopf geben, mit der Brühe aufgießen und ca. 15 Minuten weich kochen. Dann alles fein pürieren und während des Pürierens so viel Mehl hinzugeben, bis die gewünschte Konsistenz erreicht ist. Nun Butter, Knoblauch, Zucker und alle Gewürze hinzufügen, erneut pürieren und kurz aufkochen lassen. Den Topf vom Herd nehmen und ca. drei Minuten ruhen lassen. Zum Schluss die Sahne unterrühren. Die Suppe darf jetzt nicht mehr aufkochen, sonst gerinnt die Sahne!

Märchenhafte Kastaniensuppe

(für 4 Portionen)
500 g frische Kastanien (Maroni)
1 l Wasser
2 mittelgroße Kartoffeln
150 g Sellerie
12 Schalotten
1 Zweig Rosmarin
2 EL Olivenöl
1 l Gemüsebrühe
Salz und Pfeffer
1 Prise gem. Anis
250 ml Rotwein
125 ml süßer Rahm
1 TL Kastanienhonig

Die Kastanien (Maroni) auf der flachen Seite mit einem scharfen Messer einritzen und in 1 l Wasser ca. 20 Minuten weich kochen. Dann mit kaltem Wasser kurz abschrecken und schälen. Die Kartoffeln und den Sellerie schälen und klein würfeln. Die geschälten Schalotten und den Rosmarin fein hacken. 2 EL Olivenöl in einem Topf erhitzen, Kartoffel- und Selleriewürfel sowie Kastanien und Rosmarin dazugeben und etwas anschwitzen. Anschließend mit der Brühe ablöschen, die Gewürze hinzufügen und das Ganze köcheln lassen, bis die Kartoffeln gar sind. Nun den Rotwein dazugießen und alles mit einem Pürierstab fein pürieren. Den süßen Rahm leicht anschlagen und die Hälfte davon zusammen mit dem Honig unter die Suppe ziehen. Kurz vor dem Servieren je einen EL süßen Rahm auf die heiße, in Tellern angerichtete Suppe setzen.

Herzhaftes Pilzsüppchen

(für 4 Portionen)
10 g getrocknete Steinpilze
125 ml Wasser
500 ml Gemüsebrühe
20 g durchwachsener Speck
20 g Butter
1 Schalotte
200 g frische Pfifferlinge
Thymian
Salz und Pfeffer
1 Knoblauchzehe
125 ml Weißwein
Petersilie

Die Steinpilze unter fließendem Wasser abspülen und in einer Schüssel in dem Wasser für eine Stunde einweichen. Inzwischen die Gemüsebrühe einmal kurz aufkochen und anschließend auf niedriger Temperatur warm halten. Den Speck klein würfeln und mit etwas Butter in einer Pfanne anbraten. Die Schalotte schälen, klein schneiden und zum Speck in die Pfanne geben. Die Pfifferlinge putzen, ebenso in die Pfanne geben und auf mittlerer Temperatur weich dünsten. Mit Thymian, Salz und Pfeffer würzen, den gepressten Knoblauch dazugeben und mit Weißwein ablöschen. Die eingeweichten Steinpilze aus dem Wasser nehmen und mit allen anderen Zutaten in die Brühe geben. Die Pilzsuppe kurz vor dem Servieren mit frisch gehackter Petersilie bestreuen.

Apfel-Selleriecremesuppe

(für 4 Portionen)
3 säuerliche Äpfel
2 Zwiebeln
2 EL Butter
1 TL Kreuzkümmel (Cumin)
Salz und Pfeffer (aus der Mühle)
400 g mehligkochende Kartoffeln
400 g Knollensellerie
600 ml Gemüsebrühe
Saft von ½ Zitrone
50 ml süße Sahne
200 ml Milch
2 Thymianzweige
4 EL saure Sahne

Die Äpfel schälen, entkernen und davon einen halben Apfel fein würfeln. Die übrigen Äpfel klein schneiden. Die Zwiebeln schälen, fein würfeln, 1 EL Butter erhitzen und 2 EL Zwiebelwürfel darin glasig dünsten. Die Apfelwürfel zugeben, kurz andünsten, mit Kreuzkümmel, Salz und Pfeffer würzen, wieder herausnehmen und beiseitestellen. Die übrige Butter im Bratfett erhitzen und die restlichen Zwiebeln darin andünsten. Die Kartoffeln und den Sellerie schälen, würfeln und mit den übrigen Äpfeln zugeben. Mit Gemüsebrühe, Zitronensaft, Sahne und Milch ablöschen und mit Salz und Pfeffer abschmecken. Die Thymianzweige hinzufügen und das Ganze zugedeckt ca. 15 Minuten köcheln lassen. Anschließend den Thymian entfernen, die Suppe pürieren und mit saurer Sahne, den gedünsteten Apfelwürfeln und nach Belieben mit gerösteten Pumpernickel-Croutons anrichten.

Aphrodisierende Kressesuppe

(für 4 Portionen)
1 Gemüsezwiebel
1 El Butter
2 El Mehl
750 ml Gemüse- oder Hühnerbrühe
1 frische, rote Chilischote
2 Schalen Kresse
200 ml süße Sahne
Salz
Chilipulver
1 Prise Muskatnuss
½ Tl Liebstöckel (getrocknet)
1 Eigelb

Die geschälte, fein gewürfelte Zwiebel mit der Butter glasig dünsten und dann mit dem Mehl kurz anschwitzen lassen. Die Brühe mit der Chilischote zusammen aufkochen, zu der Zwiebel-Mehlschwitze geben und alles noch einmal kurz aufkochen lassen. Die Kresse fein hacken (einige Blätter zum Garnieren beiseitelegen) und ebenfalls in die Brühe geben. Nun die Sahne unterziehen und mit Salz, Chilipulver, Muskatnuss und Liebstöckel würzen. Die Suppe kurz etwas abkühlen lassen, dann das Eigelb unterrühren. Vor dem Servieren mit den übrigen Kresseblättern garnieren.

Der Kresse wird eine aphrodisierende Wirkung nachgesagt. Sicher ist sie aber sehr gesund!

Petersiliensuppe mit Birnen und Speck

(für 4–6 Portionen)
300 g Petersilienwurzeln
250 g Kartoffeln
40 g Schalotten
2 EL Öl
50 ml Weißwein

500 ml Rinderbrühe
250 ml süße Sahne
500 ml Wasser
Salz, Pfeffer
Muskatnuss
60 g durchwachsener Speck

2 Bund glatte Petersilie
2 reife Birnen (à 150 g)
3 EL Zitronensaft
½ TL Zucker
8 Stiele Thymian

Die Petersilienwurzeln waschen, die Kartoffeln schälen und beides grob würfeln. Die Schalotten schälen, fein schneiden und mit dem Gemüse in einem Topf mit dem Öl glasig dünsten. Nun mit Weißwein, Brühe, der Sahne und dem Wasser ablöschen und das Ganze bei mittlerer Hitze 25–30 Minuten köcheln lassen. Mit Salz, Pfeffer und Muskat würzen. Währenddessen den Speck fein würfeln und in einer beschichteten Pfanne ohne Fett knusprig braten. Den Speck aus der Pfanne nehmen und auf Küchenkrepp abtropfen lassen. Die Petersilienblätter von den Stielen trennen, waschen, etwas trocken tupfen und klein hacken. Die Birnen schälen, vierteln, entkernen und in Spalten schneiden. In einem Topf 2 EL Zitronensaft, 2 Thymianstiele, 2 EL Wasser und den Zucker mischen und die Birnenspalten darin wenden. Anschließend die Birnen in dem Sud aufkochen und eine Minute unter Wenden garen, bis die Flüssigkeit fast eingekocht ist, die Birnen aber nicht verkocht sind. Das gekochte Gemüse mit der Brühe pürieren, die Petersilie zugeben und alles noch einmal sehr fein pürieren. Mit dem restlichen Zitronensaft und Salz abschmecken. Die Suppe in Teller füllen und mit Birnen und Speck anrichten. Mit dem restlichen Thymian garnieren.

Forellensüppchen

(für 4 Portionen)
1 Zwiebel
1 Forelle
3 EL Butter
750 ml Forellenfond
500 ml Weißwein
3 EL Kresse
4 Eigelb
250 ml süße Sahne
Salz und Pfeffer

Die Zwiebel schälen, fein hacken, die Forelle filetieren, mundgerecht zerkleinern und mit der Zwiebel in 2 EL Butter andünsten. Nach einigen Minuten mit der Hälfte vom Forellenfond und dem Weißwein ablöschen und ca. 10 Minuten ziehen lassen. Das Forellenfilet herausnehmen und warm halten. Die Kresse sehr fein hacken (einige Blätter zum Garnieren beiseitelegen) und in der restlichen Butter weich dünsten. Den restlichen Forellenfond angießen, kurz aufkochen, die Eigelbe und die Sahne einrühren und mit Salz und Pfeffer abschmecken. Das Forellenfilet wieder zugeben, die Suppe anrichten und mit den restlichen Kresseblättern garnieren.

Hühner oder Katzen Blut
schmeckt in jeder Speise gut.
Sie wird erst so richtig fein
mit ein wenig Krötenschleim.
Das Mahl wirkt jedoch nur in Gänze,
fängst du hinzu drei Rattenschwänze.

(Hexe Ithiliel, die Tochter des Schattens)

Löwenzahnpaste

(für 4 Portionen)
100 g Löwenzahn
2 Knoblauchzehen
100 g Sonnenblumenkerne
30 g geriebener Parmesankäse
150 ml Sonnenblumenöl
Salz und Pfeffer

Die Löwenzahnblätter waschen, vorsichtig abtrocknen und in feine Streifen schneiden. Die Knoblauchzehen schälen, klein würfeln und zusammen mit den Sonnenblumenkernen in der Pfanne leicht rösten. Nun beides in einem hohen Gefäß mit einem Mixer oder dem Pürierstab zerkleinern. Nach und nach die restlichen Zutaten dazugeben und alles mit dem Pürierstab bearbeiten, bis eine cremige Masse entsteht. Zum Aufbewahren in ein Glas (oder mehrere kleine Gläser) füllen, dabei darauf achten, dass oben eine Schicht Öl übersteht, um die Oxidation zu verhindern. Das Glas oder die Gläser gut verschließen. Im Kühlschrank ist die Paste einige Tage bis Wochen haltbar.

Wie andere Löwenzahngerichte regt es den Stoffwechsel an, stärkt Leber und Nieren und wirkt gegen Frühjahrsmüdigkeit.

Kräuterpaste

(für 2 Portionen)
Verschiedene Mischungen sind möglich, wie:
100 g Liebstöckel mit 100 g glatter Petersilie
oder 100 g Estragon mit 100 g Melisse
oder 100 g Basilikum mit 100 g Oregano
1 kleine Knoblauchzehe
4–5 EL Olivenöl
10 g Salz
Olivenöl zum Begießen

Die Kräuter mit dem geschälten, klein gehackten Knoblauch, dem Olivenöl und dem Salz in einem hohen Gefäß pürieren, bis eine cremige Masse entsteht. Diese in ein dunkles Glas (oder mehrere kleine Gläser), möglichst mit breiter Öffnung, füllen. Über diese Kräutermasse wird dann so viel Olivenöl gegossen, dass die Kräuter gut 1 cm mit Öl bedeckt sind. Dieses Öl muss über die ganze Zeit des Verbrauches erhalten bleiben. Das Glas oder die Gläser gut verschließen. Die Kräuterpaste muss nicht im Kühlschrank gelagert werden, sie ist ca. ein halbes Jahr haltbar.

Bärlauch-Gewürzmus

(für 4 Portionen)
120 g Bärlauch
100 ml gutes Pflanzenöl
15 g Salz
Öl zum Auffüllen

Den Bärlauch waschen, trocknen, fein hacken und anschließend durch einen Fleischwolf drehen. Dann mit Öl und Salz mischen und so lange rühren, bis sich das Salz völlig aufgelöst hat. Das Mus in Gläser füllen und mit etwas Öl auffüllen. Die Gläser gut verschließen.
Kühl gelagert, ist diese Gewürzpaste bis zu einem Jahr haltbar.
Verwendung finden die Pasten (und Muse) als Brotaufstrich, in Soßen, Suppen, Salaten oder als Grillsoße.

Radieschenaufstrich

(für 6–8 Portionen)
1 Bund Radieschen
500 g Joghurt
5 EL Mayonnaise
Salz und Pfeffer
Essig und Öl

Zuerst die Radieschen waschen und in dünne Scheiben schneiden. Radieschen mit Joghurt, Mayonnaise, Salz und Pfeffer vermischen. Je nach Geschmack mit Essig und Öl verfeinern.

Mandelaufstrich

(für 4 Portionen)
250 g Butter
2 Lauchstangen (Porree)
250 g geriebene Mandeln
Salz

Die Butter aus dem Kühlschrank nehmen (sie sollte zimmerwarm sein) und dann in einer Rührschüssel schaumig schlagen. Den Lauch waschen, in feine Ringe schneiden, mit den Mandeln und dem Salz zur Butter geben und alles gut verrühren.

Bärlauchaufstrich

(für 4 Portionen)
4 EL Bärlauchblätter
200 g Schafskäse
80 g Joghurt
40 g saure Sahne (Sauerrahm)
2 EL Olivenöl
1 TL Zitronensaft
Salz und Pfeffer

Die Bärlauchblätter waschen, trocknen und fein hacken. Den Schafskäse klein bröseln und beides mit allen restlichen Zutaten in einem Gefäß so lange pürieren, bis eine cremige Masse entsteht.

Rote-Bete-Aufstrich

(für 6–8 Portionen
500 g Rote Bete
Salzwasser
frischer Meerrettich

2 EL Zitronensaft
1 EL Honig
150 g Crème fraîche

10 g pflanzliches Bindemittel (Reformhaus)
Salz

Die Roten Bete waschen, in einem Topf mit Salzwasser (oder einem Schnellkochtopf) weich kochen, dann abkühlen lassen, schälen und grob würfeln. Anschließend mit einem Pürierstab fein pürieren. Den Meerrettich fein reiben. Mit den restlichen Zutaten zum Püree geben und alles gut vermengen. Den Aufstrich auf Brotscheiben streichen, mit frischen Meerrettichraspeln garnieren und sofort servieren.

Pilzaufstrich

(für 6–8 Portionen)
500 g div. Pilze nach Saison
1 EL Butterschmalz
1–2 Zwiebeln
½ TL gerebelter Majoran
1–2 Knoblauchzehen
1 Bund Petersilie oder Basilikum
Salz und Pfeffer
etwas Olivenöl oder Sauerrahm, je nach gewünschter Konsistenz

Die Pilze verlesen, säubern, evtl. halbieren und in einer Pfanne mit wenig Butterschmalz dünsten. Die Zwiebeln schälen, fein würfeln und zu den Pilzen geben. Den Majoran und den geschälten, fein gewürfelten Knoblauch zufügen und mit anrösten. Die Petersilie oder das Basilikum waschen, fein schneiden und unterrühren. Das Ganze mit Salz und Pfeffer abschmecken und vom Herd nehmen. Nun so viel Olivenöl oder Sauerrahm unterrühren, dass bei dem anschließenden Pürieren eine cremige Masse entsteht.

Findet Verwendung als Spaghettisoße, als Blätterteigfüllung (vermengt mit 1–2 rohen Eiern), auf Crostinis und als Brotaufstrich.

Vegetarisches Kräuterschmalz

(für 10 Portionen)
200 g Kokosfett
60 ml Sonnenblumenöl
1 Zwiebel
1 Apfel
1 TL Oregano
1 TL Beifuß
1 TL Majoran
etwas Salz

In einem großen Topf das Kokosfett mit dem Sonnenblumenöl bei mittlerer Hitze zum Schmelzen bringen. Die Zwiebel schälen und sehr fein schneiden. Den Apfel ebenso schälen, vierteln, vom Kerngehäuse befreien und fein schneiden. Beides in einer Pfanne mit etwas Öl braten, bis die Zwiebel goldbraun ist. Wenn Kokosfett und Sonnenblumenöl gut zerlaufen sind, erst die Gewürze, dann die geröstete Zwiebel und die Apfelstücke dazugeben und alles gut verrühren. Das Ganze unter Rühren und bei schwacher Hitze etwa 15 Minuten gut durchziehen lassen. Die Flüssigkeit nun in einen Steintopf oder ein anderes Gefäß geben, mit Alufolie abdecken und kühl etwa einen Tag lang lagern.

Auf frischem Schwarz- oder Vollkornbrot ist das Kräuterschmalz nicht nur sehr lecker, sondern auch sehr gesund.

Würzige Kräuterbutter

Zutaten je nach Verbrauch!
100 g Butter (aus Sauerrahm)
1 TL Estragon
1 TL Petersilie
1 TL Basilikum
1 TL Kerbel
1 EL Schalotten (oder Zwiebeln)
etwas Senf
etwas Zitronensaft
1 Msp. Knoblauchpulver
Salz

Die zimmerwarme Butter schaumig rühren und alle Kräuter und die Schalotten (oder Zwiebeln) fein hacken und zur Butter geben. Senf, Zitronensaft, Knoblauchpulver und Salz daruntermischen. Die Masse nun auf ein Stück Alufolie legen und diese schlauchartig einrollen. Für einige Stunden in den Kühlschrank legen, dann die Folie wieder aufdrehen und die Butterrolle in Scheiben schneiden. Lecker auf dem Brot, aber auch auf Gegrilltem.

Die Kräuterbutter lässt sich übrigens prima einfrieren, sodass man immer einen Vorrat hat.

Pikante Linsenpaste

(für 4 Portionen)
250 g braune Linsen
2 Gewürznelken
1 Thymianzweig
1 l Wasser
1 kleine Zwiebel
1 Knoblauchzehe
1 EL kaltgepresstes Olivenöl
1 EL Zitronensaft
½ TL Pimentpulver
Salz
1 Bund Petersilie

Die Linsen waschen und mit den Gewürznelken und dem Thymianzweig in etwa 1 l Wasser in einem Topf zum Kochen bringen. Bei mittlerer Hitze zugedeckt etwa eine Stunde weich kochen. Die Linsen nun abgießen, die Gewürznelken und den Thymian wieder herausnehmen. Dann die Linsen heiß durch ein Sieb streichen oder im Mixer pürieren. Das Linsenpüree auskühlen lassen. Die Zwiebel und die Knoblauchzehe schälen und fein hacken. Das Olivenöl in einer Pfanne erhitzen, die Zwiebel- und Knoblauchwürfel darin glasig dünsten, danach auskühlen lassen. Das ausgekühlte Linsenpüree in einer Schüssel mit den Zwiebel- und Knoblauchstückchen mischen und mit dem Zitronensaft, dem Pimentpulver und etwas Salz pikant würzen. Die Petersilie waschen, trocken schütteln, von den großen Stielen zupfen und fein hacken. Die Linsenpaste mit der gehackten Petersilie bestreut servieren.
Im Kühlschrank aufbewahrt, ist sie bis zu drei Tage haltbar.

Petersilien-Walnuss-Pesto

(für 8–10 Portionen/
2–3 Gläser)
2 Bund glatte Petersilie
2–3 Knoblauchzehen

100 g Walnüsse
kaltgepresstes Olivenöl
100 g Parmesan
Salz und Pfeffer

Die Petersilie waschen, trocken schütteln und grob hacken. Die Knoblauchzehen schälen und zerkleinern. Die Walnusskerne grob hacken und in einer beschichteten Pfanne ohne Fett goldbraun rösten. Die Petersilie zusammen mit den Walnusskernen und dem Knoblauch fein pürieren. Dabei so viel Olivenöl hinzugeben, dass die Masse geschmeidig, jedoch nicht flüssig wird. Zuletzt den Parmesan hineinreiben und unterheben, eventuell noch etwas Öl hinzugeben. Das Pesto mit Salz und Pfeffer abschmecken und in Schraubgläser füllen.

Mit etwa 1 cm Öl bedeckt, hält sich das Pesto an einem kühlen Ort monatelang.

Brennnesselpesto

(für 4 Portionen)
100 g junge Brennnesselblätter
1 Knoblauchzehe
30 g Pinienkerne
40 g Parmesan
kaltgepresstes Ölivenöl
Salz und Pfeffer
1 Prise Muskat

Zunächst die Brennnesselblätter waschen, trocken schütteln und klein hacken. Ebenso die Knoblauchzehe fein hacken und mit den Brennnesselblättern in eine Schüssel geben. Die Pinienkerne in einer Pfanne ohne Fett goldbraun rösten und hinzufügen. Den Parmesan zerkleinern, in die Schüssel geben und das Ganze pürieren. Dabei so viel Olivenöl hinzugeben, dass die Masse geschmeidig, jedoch nicht flüssig wird. Anschließend mit Salz, Pfeffer und Muskat abschmecken. Sofort verzehren oder in ein Glas füllen und mit etwa 1 cm Öl bedecken.

So hält sich das Pesto an einem kühlen Ort monatelang.

Wilde Löwenzahnsoße

(für 4 Portionen)
250 g Löwenzahnblätter
Salzwasser
½ Zwiebel
etwas Pflanzenöl
2 EL Weißweinessig
250 ml Gemüsebrühe
1 Ei
3 EL geriebener Parmesan
Pfeffer aus der Mühle

Den Löwenzahn gründlich waschen, abtropfen lassen und in kleine Stücke schneiden. Salzwasser in einem Topf zum Kochen bringen und den Löwenzahn 15 Minuten lang köcheln. Danach aus dem Wasser nehmen und beiseitestellen. Die halbe Zwiebel in feine Ringe schneiden, das Öl in einem Topf erhitzen und die Zwiebelringe darin glasig dünsten. Den Essig zugeben und verdampfen lassen. Dann die Brühe dazugießen, langsam aufkochen lassen und die Löwenzahnblätter hinzufügen. Auf kleiner Flamme köcheln lassen, dabei gelegentlich umrühren. Das Ei mit dem Parmesan in einer Schüssel leicht schaumig schlagen und den Pfeffer hineinmahlen. Die Eimischung unter Rühren langsam in die Soße geben. Diese Soße passt gut zu Kartoffeln, pikanten Pfannkuchen und Knödeln.

Rucolabutter

(für 4–6 Portionen)
100 g Rucola
80 g Parmesan
2 Knoblauchzehen
250 g weiche Butter
3 EL Zitronensaft
Salz
Pfeffer aus der Mühle

Die Stängel vom Rucola abzupfen, die Blätter waschen, trocknen und fein hacken. Den Parmesan fein reiben. Die Knoblauchzehen schälen, fein hacken oder durchpressen. Die zimmerwarme Butter mit Zitronensaft, Salz und Pfeffer vier Minuten lang cremig rühren. Danach Knoblauch, Parmesan und Rucola dazugeben und alles gut vermischen. Lecker auf frischem Brot, zu Gegrilltem oder mit Pellkartoffeln. Die Rucolabutter lässt sich ebenso wie die Kräuterbutter gut einfrieren.

Gartenkräuterquark

(für 4 Portionen)
1 Frühlingszwiebel
1 Bund Schnittlauch
1 Bund Petersilie
½ Bund Majoran
250 g Magerquark
1 Schuss Milch oder Sahne
Salz und Pfeffer

Die Frühlingszwiebel und die Kräuter waschen, trocken schütteln und alles fein hacken. Den Magerquark mit dem Handrührgerät cremig rühren, eventuell etwas Milch oder Sahne dazugießen. Die Kräuter unter die Quarkmasse rühren, diese mit Salz und Pfeffer abschmecken, noch mit einigen Kräutern garnieren und servieren.

Apfel-Salbei-Soße

(für 4 Portionen)
2 Kochäpfel
Wasser
½ El Zucker
1 Prise schwarzer Pfeffer
1 Tl gehackter Salbei

Die Äpfel schälen, entkernen und in Scheiben schneiden. Zusammen mit etwas Wasser in einen Topf geben und unter gelegentlichem Rühren bei mittlerer Hitze garen. Dann mit dem Zucker und einer Prise schwarzem Pfeffer abschmecken und den gehackten Salbei zugeben. Die Soße kann auch mit einem Pürierstab püriert oder durch ein Sieb passiert werden, bevor der Salbei hinzugegeben wird. Die Soße vor dem Servieren ca. fünf Minuten zugedeckt stehen lassen.

Die Apfel-Salbei-Soße passt hervorragend zu gebratener Ente oder zu Schweinebraten.

Vogelmierenquark

(für 4 Portionen)
1 kleine Zwiebel
Salz
2 Knoblauchzehen
250 g Quark
etwa 50 ml Milch
(oder Joghurt)
1 TL Senf
1–2 Hand voll
Vogelmiere
Salz und Pfeffer
Paprikapulver

Die Zwiebel schälen, klein würfeln, in eine Schüssel geben und mit Salz bestreuen (das Salz zieht die Feuchtigkeit aus den Zwiebelstücken und macht sie milder). Nun die Knoblauchzehen schälen, sehr fein hacken oder durchpressen und auch diese mit Salz bestreuen. Jetzt eventuell noch mit einem Messer zerdrücken und zu der Zwiebel geben. Dazu kommt nun der Quark, etwas Milch oder Joghurt (dadurch wird das Ganze weicher) und etwas Senf. Alles gut vermischen. Von den Vogelmiere-Pflanzen nur die weichen Triebspitzen und die kleinen Blättchen (im unteren Bereich der Pflanzen) entnehmen, klein hacken und unter den Quark rühren. Mit Salz, Pfeffer und eventuell etwas Paprikapulver abschmecken.

Der Vogelmierenquark schmeckt köstlich zu Pellkartoffeln und hart gekochten Eiern und ist sehr gesund.

Preiselbeer-Meerrettich-Soße

(für 2 Portionen)
3 EL Preiselbeerkompott
3 EL geriebener Meerrettich
1 ½ EL mittelscharfer Senf
1 Spritzer Zitronensaft
1 Prise Salz
60 ml süße Sahne

Alle Zutaten bis auf die Sahne in eine Rührschüssel geben und gut verrühren. Dann die Sahne steif schlagen und unter die Soße heben. Wer es nicht ganz so scharf mag, kann auch Sahnemeerrettich nehmen.

Die Preiselbeer-Meerrettich-Soße passt besonders gut zu Hackbraten, Gegrilltem oder auch als Dip zu Raclette.

Apfel-Thymian-Schmalz

(für 4–6 Portionen)
500 g Flomen
1 Zwiebel
1–2 Knoblauchzehen
1 Apfel
Salz und Pfeffer
1 EL Thymian

Flomen in Würfel schneiden und in einem Topf bei mittlerer Temperatur langsam auslassen, bis nur noch die Grieben übrig bleiben. 3 EL von dem flüssigen Schmalz abnehmen, in eine Pfanne geben und erhitzen. Die Zwiebel und die Knoblauchzehen schälen, klein würfeln, in die Pfanne geben und glasig dünsten. Einen möglichst säuerlichen Apfel schälen, vierteln, das Kerngehäuse entfernen und das Fruchtfleisch in kleine Würfel schneiden. Die Apfelwürfel zu den Zwiebeln geben und kurz mitdünsten. Zur Seite stellen und leicht abkühlen lassen. Das flüssige Schmalz im Topf abkühlen lassen, bis es cremig wird. Dann die Apfel-Zwiebel-Mischung darunterrühren. Mit Salz, Pfeffer und Thymian würzen. Das Apfel-Thymian-Schmalz in kleine Steinguttöpfe oder Einmachgläser füllen.

Apfel-Thymian-Schmalz hält sich mehrere Wochen, wenn man es kühl aufbewahrt. Es schmeckt herrlich auf frisch gebackenem Brot.

Petersiliensoße

(für 3 Portionen)
½ Zwiebel
20 g Butter
20 g Mehl

250 ml Fischfond
100 ml Milch
Salz und Pfeffer
2 EL Petersilie

Die halbe Zwiebel in möglichst feine Würfel schneiden. In einem Topf die Butter erhitzen (nicht braun werden lassen), die Zwiebelwürfel hineingeben und unter Rühren glasig dünsten. Das Mehl darüberstäuben und weiterrühren, nur hell anschwitzen, dann mit dem Fischfond ablöschen. Unbedingt weiterrühren, damit sich keine Klümpchen bilden. Jetzt die Milch zugeben und die Soße kurz aufkochen, bis sie leicht dicklich wird. Mit Salz und Pfeffer abschmecken und die fein gehackte Petersilie unterrühren.

Diese Soße wird traditionell zu gedünstetem oder gebratenem Fisch und Salzkartoffeln serviert.

Buttermilch-Estragon-Soße

(für 2 Portionen)
1 Frühlingszwiebel
1 Knoblauchzehe
1 EL frischer Estragon
1 EL Weinessig
½ EL Dijonsenf
150 ml Buttermilch
3 EL Sonnenblumenöl
½ TL Zucker

Die geputzte Frühlingszwiebel und die geschälte Knoblauchzehe fein hacken. Den Estragon waschen, etwas trocknen und ebenso klein hacken. In einer Schüssel den Essig mit dem Senf verrühren und die Buttermilch unterrühren. Das Öl langsam unter ständigem Rühren eingießen, Frühlingszwiebeln, Knoblauch, Zucker und Estragon hinzufügen und alles gut vermischen. Vor dem Verzehr die Soße für ca. zwei Stunden im Kühlschrank kühlen. Die Soße wird vor allem gerne zu Artischocken gereicht.

Koriander-Walnuss-Soße

(für 2 Portionen)
1 EL Olivenöl
50 g saure Sahne
25 g Cheddar
25 g Walnüsse
25 g frischer Koriander
Salz und Pfeffer

In einer Schüssel das Olivenöl mit der Sahne mischen und den Käse hineinreiben. Die Walnüsse und die Korianderblätter fein hacken, dazugeben und alles gut verrühren. Mit Salz und Pfeffer abschmecken.

Die Koriander-Walnuss-Soße schmeckt köstlich zu frischer, heißer Pasta oder als Brotaufstrich.

Um einen Zauber zu entfachen,
darf man niemals jenes machen:
Koche keinesfalls in Eile,
sondern schaue und verweile,
tanze singend um den Tisch
und brate dabei Deinen Fisch.

(Kesselhexe Dimona)

Schweinerücken mit Hagebuttensoße

(für 4 Portionen)
500 ml Rotwein
Saft von 1 kleinen Zitrone
3 große Zwiebeln
1 TL Pfefferkörner
2–3 Wacholderbeeren
1 kleine Knoblauchknolle
1 Lorbeerblatt
2–3 cm Ingwerknolle
2 große Kurpflaumen
ca. 1 kg Schweinerücken
2 Prisen Salz
2 Prisen Pfeffer
2 TL Paprikapulver
2 EL Butterschmalz
1 Prise Zimt
2 Möhren
200 ml süße Sahne
ca. 100 g Hagebutten-marmelade
1 kleine unbehandelte Orange
1 Prise Zucker

Man beachte: Durch das Einlegen beträgt die Zubereitungszeit drei Tage!
Den Rotwein, den Zitronensaft, drei geviertelte Zwiebeln, die Gewürze und die gehackten Kurpflaumen in einem Gefäß miteinander mischen. Den vorbereiteten Schweinerücken mit Salz, Pfeffer und Paprika würzen und in die Rotweinmischung legen. Zugedeckt zwei Tage darin liegen lassen. Danach den Schweinerücken herausnehmen, abtropfen lassen und in einen Bräter legen. Das Butterschmalz erhitzen, über den Braten gießen, diesen mit Salz, Pfeffer und Zimt würzen und rundherum anbraten. Währenddessen die Möhren putzen, grob schneiden, mit der restlichen Zwiebel zum Fleisch geben und etwas Beize (vom Einlegen) hinzufügen. Mit geschlossenem Deckel im Backofen auf der unteren Schiene bei 200° C schmoren. Nach 30 Minuten nochmals mit Beize übergießen und noch ca. eine Stunde lang schmoren. Das Fleisch herausnehmen und warm stellen. Den Fond kurz aufkochen und durch ein Sieb gießen. Die Sahne steif schlagen, die Hagebuttenmarmelade unterheben, mit abgeriebener Orangenschale, einer Prise Salz, einer Prise Pfeffer und Zucker abschmecken. Das Fleisch in Scheiben schneiden und mit der Hagebuttensoße servieren.
Dazu Salzkartoffeln, Kartoffelklöße, Wirsing oder Rosenkohl servieren.

Perlhuhn mit Basilikummöhren

(für 4–5 Portionen)
2 Perlhühner (je ca. 1 kg)
Salz und Pfeffer
1 große Zwiebel
250 ml Weißwein
ca. 375 ml Hühnerbrühe
800 g–1 kg kleine Bundmöhren
2 EL Butter
125 ml Wasser
1 Töpfchen Basilikum
100 ml süße Sahne
1 gestr. EL Mehl
Zucker

Den Backofen auf 200° C (Elektro), 175° C (Umluft) oder Stufe 3 (Gas) vorheizen. Die Perlhühner waschen, trocken tupfen, innen und außen mit Salz und Pfeffer würzen und auf die Fettpfanne (Backofen) legen. Die Zwiebel schälen, vierteln und dazugeben. Im Ofen ca. 50 Minuten braten, nach 15 Minuten den Wein und die Brühe nach und nach angießen. Die Perlhühner mehrmals damit übergießen. Währenddessen die Möhren schälen, längs halbieren und in der heißen Butter in einer großen Pfanne rundherum 2–3 Minuten anbraten. Mit Salz würzen und ca. 125 ml Wasser zugießen, aufkochen und zugedeckt ca. acht Minuten köcheln. Das Basilikum abzupfen und kurz vor Ende der Garzeit unterheben. Den Fond der Perlhühner durch ein Sieb geben und aufkochen, die Perlhühner so lange warm stellen. Die Sahne mit dem Mehl glatt rühren, zu dem Fond gießen und fünf Minuten zusammen köcheln. Die Perlhühner in Stücke schneiden, das Brustfleisch vom Knochen lösen und aufschneiden. Die Soße mit Salz und Pfeffer abschmecken. Die Möhren mit Salz, Pfeffer und Zucker würzen, alles anrichten und mit Basilikum garnieren. Als Beilage passen gut Kroketten.

Hühnerbrust mit warmem Linsensalat

(für 4 Portionen)
4 Hühnerbrüste
Salz und Pfeffer
Olivenöl
Butter
2 Schalotten
150 g kleine rote Linsen
1 Karotte
1 Stange Lauch
1 kleine Sellerieknolle
1 TL Tomatenmark
150 ml Hühnerbrühe
Essig
1 Bund Rauke (Rucola)
1 Schale Feldsalat
1 Chicorée
Kürbiskernöl

Den Backofen auf 120 °C vorheizen. Die Hühnerbrüste von beiden Seiten kräftig mit Salz und Pfeffer würzen und in einer heißen Pfanne in Olivenöl und etwas Butter anbraten. Dann noch etwa 20 Minuten in einer Form im Backofen garen. Die Schalotten waschen, häuten und klein würfeln, dann mit den Linsen und dem geputzten, klein geschnittenen restlichen Gemüse in etwas Olivenöl kurz anschwitzen. Das Tomatenmark hinzugeben und mit der Hühnerbrühe ablöschen. Das Ganze bei niederer Hitze weich köcheln und mit Salz und etwas Essig abschmecken. Die Salate waschen, trocken schütteln und eventuell äußere Blätter und Stiele entfernen. Einzelne Salatblätter bzw. kleine Feldsalatröschen auf den Tellern anrichten und die Hühnerbrüste mit dem warmen Linsensalat daranlegen. Nach Belieben mit etwas Kürbiskernöl beträufeln.

Schweinefilet-Melissentopf

(für 4 Portionen)
400 g Schweinefilet
1 Zwiebel
2 säuerliche Äpfel
2 EL Öl

150 ml trockener Apfelwein
1 EL Apfelkraut
Salz und Pfeffer aus der Mühle

½ Bund Zitronenmelisse
2 EL Preiselbeerkompott (oder Marmelade)
1 TL Speisestärke

Das Schweinefilet waschen, trocken tupfen und in Scheiben schneiden. Die Zwiebel schälen und in feine Ringe schneiden. Die Äpfel waschen, vierteln, entkernen und in Spalten schneiden. Das Öl in einer Pfanne erhitzen und die Filetscheiben darin anbraten, bis sie leicht gebräunt sind. Die Zwiebelringe sowie die Apfelscheiben dazugeben und etwa zwei Minuten mitdünsten. Mit dem Apfelwein ablöschen, das Apfelkraut dazugeben und mit Salz und Pfeffer abschmecken. Dann das Ganze etwa drei Minuten bei schwacher Hitze garen. Die Zitronenmelisse waschen, trocken schütteln und die Blätter von den Stielen zupfen. Das Preiselbeerkompott unter das Gericht rühren. Die Speisestärke mit 2 EL kaltem Wasser verrühren und langsam in die Soße einrühren. Nochmals kurz aufkochen. Dann portionsweise in Teller füllen und mit den Melisseblättern garnieren. Dazu passen sehr gut Kroketten oder Kartoffelklöße.

Rosmarin-Rehspieße mit Pfifferlingen

(für 4 Portionen)
700 g Rehrückenfleisch (ohne Knochen, küchenfertig)
8 dünne Scheiben durchwachsener Speck
4 Zweige Rosmarin
500 g Pfifferlinge
1 Zwiebel
60 g Butter
4 EL Öl
Salz
Pfeffer
500 g schlanke Bundmöhren
Zucker
150 ml Orangensaft
½ Bund Basilikum

Das Rehfleisch in 16 gleich große Stücke schneiden, die Speckscheiben der Länge nach halbieren und jedes Fleischstück mit ½ Speckscheibe umwickeln. Die Rosmarinzweige am Ende leicht anspitzen, auf jeden Zweig vier Fleischstücke stecken und zugedeckt beiseitestellen. Die Pfifferlinge putzen, die größeren Pilze halbieren, die Zwiebel schälen und fein würfeln. Von der Butter 20 g und 1 EL Öl in einer großen Pfanne erhitzen, die Zwiebel und die Pfifferlinge zugeben und unter Wenden anbraten. Mit Salz und Pfeffer würzen und beiseitestellen. Währenddessen die Möhren schälen, längs halbieren und schräg in ca. 4 cm große Stücke schneiden. Nun die restliche Butter in einer großen Pfanne erhitzen, die Möhren zugeben, mit Zucker bestreuen und kurz karamellisieren. Dann mit dem Orangensaft ablöschen und zugedeckt 4–5 Minuten bei mittlerer Hitze dünsten. Mit Salz und Pfeffer würzen, die Pilze zugeben und weitere fünf Minuten zugedeckt dünsten. Die Basilikumblätter abzupfen, grob zerschneiden und zum Schluss unter das Gemüse heben. Inzwischen die Rehspieße leicht salzen und pfeffern, das restliche Öl in einer großen Pfanne erhitzen und die Spieße bei mittlerer Hitze auf jeder Seite 3–4 Minuten darin braten. Mit dem Gemüse servieren. Gut dazu passen Stampfkartoffeln.

Rehkeule mit Pilzen

(für 2 Portionen)
300 g Rehkeule
1 El Wildgewürz
1 El Olivenöl
Vanillesalz
1 Schalotte
300 g kleine Champignons
2 El Olivenöl
2 El Schinkenstreifen
1 Prise Piment
1 El Steinpilzpulver
Salz
2 El süße Sahne
2 kleine Zucchini
3 El Petersilie
2 El Portwein
200 g Rehglace
30 g kalte Butter
1 Eckchen Bitterschokolade
2 El Butter
2 El Pistazienpesto (Glas)

Die Rehkeule mit dem Wildgewürz einreiben und in heißem Olivenöl von allen Seiten ca. fünf Minuten anbraten. Den Backofen auf 80° C vorheizen, eine kleine Form und zwei Teller hineinstellen. Die Keulen mit Vanillesalz würzen und im Backofen in der aufgewärmten Form 45 Minuten garen. Die Schalotte schälen, fein schneiden und mit den geputzten Champignons und den gewaschenen, in Würfel geschnittenen Zucchini in heißem Olivenöl anbraten. Die Schinkenstreifen kurz mitschmoren, mit Piment, dem Steinpilzpulver und Salz würzen und die Sahne unterrühren. Das Ganze zugedeckt auf kleiner Flamme warm halten. Die Petersilie fein hacken und kurz vor dem Anrichten einrühren. Den Portwein mit einem Drittel der Rehglace zusammen aufkochen und einkochen lassen. Ein weiteres Drittel der Rehglace zufügen, ebenso einkochen und dann den Rest zugeben. Es entsteht eine hoch konzentrierte Soße. Nun die kalte Butter und das Eckchen Schokolade einrühren und auf ganz kleiner Flamme warm halten. Kurz vor Ablauf der 45 Minuten Garzeit Butter in eine Pfanne geben und erhitzen. Das Fleisch aus dem Ofen nehmen und von beiden Seiten noch einmal je drei Minuten von allen Seiten braten. Den Fleischsaft aus der Form in die Soße einrühren. Das Fleisch vor dem Servieren in dünne, schräge Scheiben schneiden. Die Pilze in die Mitte der Teller geben, daran das Fleisch legen und mit dem Pistazienpesto bestreichen. Alles mit der fast karamellisierten Soße beträufeln. Als Beilage passen sehr gut Nudeln, Wildreis oder Kartoffelklöße.

Kaninchen mit Pfifferlingen

(für 3 Portionen)
1 kg Kaninchen
1 l Buttermilch
1 EL Öl
1 Knoblauchzehe
20 g Butter
250 g Schalotten
2 Dosen Pfifferlinge
400 g Tomaten
125 ml Weißwein
2 TL gekörnte Brühe
Thymian
2 EL Petersilie
Salz und Pfeffer aus der Mühle
100 g Crème fraîche

Das Kaninchen über Nacht in Buttermilch einlegen, damit es zart und mild wird. Am nächsten Tag gut abspülen und trocken tupfen. Das Öl in einem Schmortopf erhitzen, den geschälten Knoblauch leicht darin bräunen und wieder herausnehmen. Dann die Butter in dem Öl schmelzen und die Kaninchenteile darin portionsweise hellbraun anbraten, wieder herausnehmen und warm stellen. Die Schalotten halbieren und zusammen mit den gut abgetropften Pilzen anschmoren. Die Tomaten überbrühen, häuten, eventuell die Kerne entfernen und das Fruchtfleisch klein würfeln. Dann zu den Pilzen geben und mit dem Wein ablöschen. Mit Brühe und Thymian würzen, das Fleisch zufügen und mit geschlossenem Deckel bei geringer Hitze ca. 40 Minuten schmoren. Das Fleisch wieder herausnehmen und warm stellen. Die grob gehackte Petersilie in die Soße geben, diese mit Salz und Pfeffer würzen und bei hoher Hitze fünf Minuten ohne Deckel einkochen. Je nach Konsistenz mit Crème fraîche andicken. Als Beilage sind Wildreis oder Spätzle zu empfehlen.

Lammkoteletts in Balsamicohonig

(für 3 Portionen)
3 EL Balsamicoessig
2 TL Honig
1 kg Lammkoteletts
5 EL Olivenöl
2 Knoblauchzehen
3 Salbeiblätter
1 EL Rosmarin
Salz und Pfeffer
125 ml Rotwein
250 ml Gemüsebrühe
2 EL süße Sahne

Eine Marinade aus dem Balsamicoessig und dem Honig herstellen. Die Lammkoteletts für mindestens vier Stunden in die Marinade einlegen oder am Vortag vorbereiten und zugedeckt über Nacht an einem kühlen Ort ziehen lassen. Dann die Lammkoteletts aus der Marinade nehmen und mit Küchenpapier abtupfen. Das Olivenöl in ein Gefäß füllen, den geschälten, fein gehackten Knoblauch, die Salbeiblätter, frische Rosmarinnadeln, Salz und Pfeffer dazugeben und alles gut vermischen. Bevor man die Lammkoteletts in eine flache Auflaufform oder Schüssel legt, schneidet man sie an den Fetträndern mit einem scharfen Messer zwei- bis dreimal leicht ein, damit sie sich beim Braten nicht nach oben biegen. Danach die Gewürz-Ölmischung darübergießen, sodass das Fleisch bedeckt ist, und zugedeckt für drei Stunden an einen kühlen Ort stellen. Nun die Lammkoteletts wieder aus der Marinade nehmen und in einer Pfanne (ohne weitere Zugabe von Fett) von jeder Seite 3-5 Minuten hellbraun braten. Dann aus der Pfanne nehmen, warm stellen und das überschüssige Fett abgießen. Die Pfanne wieder erhitzen, den Bratenfond unter Rühren mit dem Schneebesen mit der Balsamico-Honig-Marinade lösen und den Rotwein zufügen. Die Soße aufkochen lassen und fünf Minuten bei mittlerer Hitze köcheln. Die Gemüsebrühe zufügen und weitere zehn Minuten köcheln lassen. Nun die Sahne einrühren und das Ganze mit Salz und Pfeffer würzen. Die Pfanne vom Herd nehmen, die Lammkoteletts in die Soße legen und einige Minuten darin ziehen lassen. Als passende Beilagen sind Kartoffelkroketten und frisches Gemüse zu empfehlen. Wer möchte, kann das Gericht noch mit frischen Salbeiblättern garnieren.

Hirschsteaks mit Pflaumensoße

(für 3 Portionen)
500 g Hirschsteak aus der Keule
Salz und Pfeffer
20 g Butter
1 TL Wacholderbeeren
300 g frische Pflaumen
2 EL Slivowitz
1 EL Preiselbeergelee
4 EL süße Sahne

Die Hirschsteaks aus der Keule mit Salz und frisch gemahlenem Pfeffer einreiben. Die Butter in einer Pfanne erhitzen, die Wacholderbeeren hineingeben und mit einer Gabel zerdrücken. Dann die Hirschsteaks hineinlegen und von beiden Seiten 3–4 Minuten kräftig anbraten. Wieder aus der Pfanne nehmen und warm stellen. Die Pflaumen waschen, halbieren, entkernen und in den Bratensatz geben. Die Pflaumen nur kurz im Bratenfett heiß werden lassen. Nun mit Slivowitz oder einem anderen Pflaumenschnaps ablöschen, das Preiselbeergelee in die Soße rühren und die Sahne hinzufügen. Die Pflaumensoße einmal kurz aufkochen und zu den Hirschsteaks servieren. Als Beilage passen gut Wildreis, Spätzle oder Kartoffelknödel.

Pastinaken mit gekräutertem Hirsch

(für 4 Portionen)
1 kg große Pastinaken
3 EL Walnussöl
2 EL Puderzucker
2 EL Zitronensaft
Meersalz und schwarzer Pfeffer
400 ml Geflügelfond

100 g Schalotten
30 g Butter
150 ml Madeira
200 g Honig
1 EL Aceto balsamico
2 EL grüne Rosinen (alternativ Sultaninen)
40 g Walnusskerne

4 Hirschrückenfilets (à 200 g, ohne Haut und Sehnen)
2 EL Olivenöl
1 Bund Thymian
1 Bund Oregano

Die Pastinaken putzen, schälen und in 3 cm dicke Scheiben schneiden. Das Walnussöl mit Puderzucker, Zitronensaft, Meersalz und Pfeffer in einer großen ofenfesten Form mischen und die Pastinaken hineingeben. Den Fond darübergießen und die Form gut mit Alufolie verschließen. Zwei kleine Löcher einstechen. Im vorgeheizten Ofen bei 190° C (Gas Stufe 2–3, Umluft nicht empfehlenswert) auf der zweituntersten Schiene 45 Minuten garen. Dann den Ofen auf 220° C (Gas Stufe 3–4) hochschalten und ohne Alufolie weitere 30 Minuten backen. Währenddessen die Schalotten schälen, fein würfeln und in einer Pfanne mit der Butter andünsten. Dann Madeira, Honig, Balsamico, Rosinen und Walnüsse dazugeben, salzen, pfeffern und in ca. 15 Minuten dickflüssig einkochen. Die Hirschrückenfilets salzen, pfeffern und in einer Pfanne mit etwas Öl bei starker Hitze von allen Seiten kurz kräftig anbraten. Aus der Pfanne nehmen und abkühlen lassen. Das Fleisch mit den Kräuterzweigen belegen und 10–12 Minuten vor Garzeitende der Pastinaken in die Form dazugeben. Alles bis zum Ende fertig garen. Zum Servieren mit der Soße beträufeln. Dazu passen hervorragend Knödel, Spätzle oder Wildreis.

Wildschwein auf Wirsinggemüse

(für 2 Portionen)
300 g Wildschwein-medaillons
Pfeffer aus der Mühle
60 g Speck
200 g Wirsingkohl
1 Zwiebel
½ EL Sojaöl
125 ml Gemüsebrühe
100 ml süße Sahne
Salz
20 g Butterschmalz

Das Fleisch mit Küchenpapier trocknen und von beiden Seiten mit Pfeffer aus der Mühle einreiben. Die Medaillons mit je einem dünn geschnittenen Streifen Speck umwickeln, damit das Fleisch zart und saftig bleibt. Anschließend die Medaillons mit der Hand etwas flach drücken und beiseitelegen. Die äußeren Blätter vom Wirsingkohl entfernen, die inneren Blätter abtrennen, der Länge nach halbieren und den dicken Mittelstrunk entfernen. Dann die Blätter waschen, abtropfen lassen und in feine Streifen schneiden. 20 g vom Speck in Würfel und die Zwiebel in feine Würfel schneiden. In einem mittelgroßen Topf das Sojaöl erhitzen und den Speck darin knusprig braten. Den Speck mit einer Schaumkelle aus dem Sojaöl nehmen und beiseitelegen. Jetzt den Wirsing zufügen und leicht anschmoren, bis er etwas zusammenfällt, die Gemüsebrühe darübergießen und die Sahne unterziehen. Mit Pfeffer aus der Mühle und Salz würzen und im geschlossenen Topf bei mittlerer Temperatur in 15 Minuten weich schmoren. Dann noch wenige Minuten offen köcheln lassen. Währenddessen Butterschmalz in einer Bratpfanne (aus Edelstahl) erhitzen, bis sich ganz leichter Dampf entwickelt. Die Wildschweinmedaillons kurz kräftig anbraten und erst dann mit einem Bratenwender umdrehen, wenn sich das Fleisch leicht vom Pfannenboden lösen lässt. Die Temperatur auf mittlere Stufe reduzieren und die Wildschweinmedaillons ca. zwei Minuten pro Seite weiterbraten. Das Fleisch erst kurz vor dem Servieren mit wenig Salz würzen, da der Speck bereits würzig genug ist. Die beiseitegelegten Speckwürfel noch einmal kurz in der Bratpfanne erhitzen. Die Wildschweinmedaillons auf Wirsinggemüse anrichten und mit dem Speck bestreuen.

Leberknödel mit Kraut und Aniszwiebeln

(für 4 Portionen)	250 g Schweinehack	400 ml Gemüsefond
20 g altbackenes Brot	1 Ei, 1 Eigelb	2 Lorbeerblätter
100 ml Milch	2 EL Semmelbrösel	2 Nelken
40 g Schalotten	3 EL Portwein	2 EL Zucker
1 Bund Majoran (klein)	Salz und Pfeffer	200 ml Wasser
200 g Rinderleber	40 g durchwachsener Speck	500 g Zwiebeln
10 g Butter	1 Dose Sauerkraut	150 g Butter
250 g Schweinemett	10 g Schweineschmalz	2 Sternanis, Salz

Das Brot in der Milch für einige Zeit einweichen. Die geschälten Schalotten fein würfeln, die Majoranblättchen fein hacken. Die Rinderleber putzen, fein schneiden und in einem Mixer fein zerkleinern. Die Butter in eine Pfanne geben, die Schalotten darin bei mittlerer Hitze zwei Minuten hell dünsten. Den Majoran dazugeben und alles erkalten lassen. Nun das eingeweichte Brot ausdrücken und in einer Schüssel mit Leber, Mett, Hack, Ei, Eigelb, Bröseln, Portwein und Schalotten mischen. Herzhaft mit Salz und Pfeffer würzen und anschließend aus der Masse mit feuchten Händen acht gleichgroße Knödel formen, die man abgedeckt kalt stellt. Für das Sauerkraut den Speck in feine Streifen schneiden. Das Sauerkraut in einem Sieb abtropfen lassen, das Schmalz in einem Topf zerlassen und die Speckstreifen darin bei mittlerer Hitze zwei Minuten dünsten. Sauerkraut, Gemüsefond, Lorbeer, Nelken, Zucker und 200 ml Wasser zugeben und das Ganze bei mittlerer Hitze 15 Minuten zugedeckt garen. Dann in weiteren 10 Minuten ohne Deckel weitergaren. Nun die Zwiebeln schälen und in feine Streifen schneiden. Die Butter in einem Topf zerlassen, Zwiebeln und Sternanis hinzufügen und ohne Deckel bei mittlerer Hitze 15 Minuten lang dünsten. Mit Salz abschmecken. Einen großen Topf mit Salzwasser zum Kochen bringen, die Knödel einlegen und die Hitze reduzieren. Sobald die Knödel an der Oberfläche schwimmen, sie noch weitere 10–12 Minuten ziehen lassen. Das Sauerkraut erwärmen und mit den Knödeln und den Aniszwiebeln auf vorgewärmten Tellern servieren. Als Beilage passt Kartoffelpüree.

Salbeileber mit Äpfeln und Zwiebeln

(für 4 Portionen)
1 Zitrone
2 Äpfel (je 200 g)
250 g Zwiebeln
100 g durchwachsener Speck
12 dünne Scheiben Kalbsleber (à 50 g)
weißer Pfeffer
20 g Mehl zum Bestäuben
2 EL Öl
4 kleine Thymianzweige
2 TL Zucker
200 ml trockener Rotwein
50 ml Balsamicoessig
Salz
30 g kalte Butter
8 Salbeiblätter

Die Zitrone auspressen. Die Äpfel schälen, achteln, vom Kerngehäuse befreien und sofort in eine Schale mit Zitronenwasser legen. Die Zwiebeln schälen, in feine Streifen schneiden, den Speck in ca. 3 mm dünne Streifen schneiden. Nun die Leberscheiben zuerst pfeffern, im Mehl wälzen (zu viel Mehl wieder abklopfen), in einer großen, beschichteten Pfanne in zwei Portionen im Öl von beiden Seiten anbraten. Wieder aus der Pfanne nehmen und warm halten. Die Apfelspalten in einem Sieb abtropfen lassen. Jetzt den Speck in dieselbe Pfanne geben und bei mittlerer Hitze auslassen. Apfelspalten, Zwiebeln und Thymianzweige dazugeben und fünf Minuten anbraten, dann alles herausnehmen und zur Leber geben. Das Ganze warm halten. Den Zucker in der Pfanne leicht karamellisieren, mit Rotwein und Balsamicoessig ablöschen und auf die Hälfte einkochen lassen. Leber, Zwiebeln, Speck und Äpfel in die Pfanne geben und bei milder Hitze etwa fünf Minuten dünsten, mit Salz und Pfeffer abschmecken. Dann alles zusammen nochmals aufkochen lassen und zum Binden die Butterflocken einrühren. Die Salbeiblätter grob zerschneiden und die Leber vor dem Servieren damit bestreuen.
Als Beilage passt sehr gut Polenta.

Rinderfilet mit Heidelbeer-Balsamicosoße und Champignons

(für 4 Portionen)
750 g festkochende Kartoffeln
4 EL Öl
1 Bund Rosmarin
1 Zwiebel
250 g kleine Champignons
200 g Heidelbeeren
4 Rinderfiletsteaks (à 100 g)
Salz und Pfeffer
3–4 EL Ahornsirup
200 ml Wasser
125 ml dunkler Balsamicoessig

Die Kartoffeln schälen, in Spalten schneiden und in einer Pfanne mit 2 EL Öl ca. 30 Minuten braten (mehrmals wenden). Den Rosmarin waschen, trocken tupfen, etwas davon zum Garnieren beiseitestellen, die restlichen Nadeln abstreifen. Die Zwiebel schälen, fein würfeln, die Pilze putzen und die Heidelbeeren verlesen und waschen. Die Filetsteaks waschen, trocken tupfen, mit einem dickeren Faden (z. B. Heftfaden) rund binden und in einer Pfanne mit 2 EL Öl unter Wenden braten. Nach ca. zwei Minuten die Pilze dazugeben und mitbraten. Filet und Pilze wieder herausnehmen, salzen und pfeffern und warm stellen. Dann die Zwiebel und den Rosmarin im Bratfett andünsten und 75 g von den Heidelbeeren und den Ahornsirup zugeben. Mit 200 ml Wasser und Essig ablöschen und 5–8 Minuten bei mittlerer Hitze köcheln lassen. Die restlichen Heidelbeeren zugeben und kurz miterhitzen. Die Kartoffeln und die Soße mit Salz und Pfeffer abschmecken, mit dem Filet und den Pilzen anrichten und mit dem beiseitegelegten Rosmarin bestreuen.

Rinderfilet mit Walnuss-Senffüllung

(für 4 Personen)
3 EL Butter
6 getrocknete Feigen
2 Zwiebeln
1 Glas (720 ml) Rotkohl
100 ml warmes Wasser
35 g Walnusskerne
1 Bund Rosmarin
1 kg Kartoffeln
Salzwasser
2 TL Pesto (Glas)
5 EL mittelscharfer Senf
25 g Paniermehl
Salz und Pfeffer
800 g Rinderfilet, in Scheiben
1 EL Olivenöl
2 EL Tomatenmark
250 ml trockener Rotwein
300 ml Rinderfond
2 EL Speisestärke
Zucker
6 Stiele Petersilie

1 EL Butter in einem Topf erhitzen. Die Feigen in Stücke schneiden, in die zerlassene Butter geben. Die Zwiebeln schälen, in feine Streifen schneiden, die Hälfte davon zu den Feigen geben und glasig dünsten. Nun den Kohl und 100 ml Wasser dazugeben und zugedeckt 20–30 Minuten schmoren. Die Walnüsse hacken und in einer beschichteten Pfanne ohne Fett braun rösten, dann wieder herausnehmen. Den Rosmarin waschen, trocken tupfen, einige Stiele zum Garnieren beiseitelegen. Übrige Nadeln von den Zweigen zupfen und diese fein hacken. Die Kartoffeln schälen und zugedeckt in kochendem Salzwasser ca. 20 Minuten kochen. Walnüsse mit Rosmarin, Pesto, Senf und Paniermehl mischen, gut verrühren und mit Pfeffer würzen. Die Filetsscheiben waschen, trocken tupfen, mit Salz und Pfeffer würzen und mit der Senfmischung bestreichen. Dann das Fleisch aufrollen

und mit Küchengarn zusammenbinden. Das Olivenöl in einer Pfanne erhitzen und die Fleischrollen darin rundherum ca. fünf Minuten anbraten. Wieder herausnehmen und auf die Fettpfanne des Backofens legen. Im vorgeheizten Backofen (E-Herd: 175°C/Umluft: 150°C/Gas: Stufe 2) 18–20 Minuten medium garen. Den Bratenfond in der Pfanne erneut erhitzen und übrige Zwiebeln darin kurz anbraten. Dann das Tomatenmark zugeben, kurz mit anrösten, mit Rotwein und Rinderfond unter Rühren ablöschen und alles 8–10 Minuten köcheln lassen. Die Stärke in wenig Wasser glatt rühren, den köchelnden Sud mit der Hälfte davon binden und mit etwas Salz, Pfeffer und Zucker abschmecken. Die restliche Stärke in den kochenden Kohl rühren, erneut aufkochen und 2–3 Minuten köcheln. Dann im geschlossenen Topf warm halten. Die Filets aus dem Ofen nehmen, in Folie wickeln und an einem warmen Ort ca. fünf Minuten ruhen lassen. Die Petersilie waschen, trocken tupfen, etwas davon zum Garnieren beiseitelegen und den Rest sehr fein hacken. Die Kartoffeln abgießen, im heißen Topf lassen, dann 2 EL Butter darin schmelzen, die gehackte Petersilie zugeben und unter den Kartoffeln verteilen. Das Fleisch aus der Folie wickeln, das Garn entfernen und das Fleisch in Scheiben schneiden. Mit Kartoffeln, Soße und Rotkohl auf Tellern anrichten und mit der restlichen Petersilie und dem restlichen Rosmarin garnieren.

Kabeljau-Mangold-Topf

(für 4 Portionen)
600 g Kabeljaufilet
100 g Schalotten
1 Knoblauchzehe
1–2 rote Pfefferschoten
2 Frühlingszwiebeln

1 rote Paprikaschote
200 g Chinakohl
200 g Mangold
120 g Glasnudeln
heißes Wasser
6 EL Maiskeimöl

125 ml Geflügelfond
8 EL Sojasoße
4 Sternanis
je 2 TL Zucker und Salz
1 EL Dillspitzen

Das Kabeljaufilet quer zu den Fasern in fingerbreite Streifen schneiden. Die Schalotten und den Knoblauch schälen und mit den entkernten Pfefferschoten fein hacken. Die Frühlingszwiebeln putzen und in feine Ringe schneiden. Die Paprikaschote halbieren, entkernen, waschen, in feine Streifen und den Chinakohl und den Mangold in breite Streifen schneiden. Die Glasnudeln in ein Gefäß geben, mit heißem Wasser übergießen und 10 Minuten ziehen lassen. Das Öl in einem Topf erhitzen, Schalotten, Knoblauch, Pfefferschoten, Frühlingszwiebeln und Gemüsestreifen darin bei mittlerer Hitze zwei Minuten dünsten. Den Geflügelfond, die Sojasoße, Sternanis, Zucker und Salz zugeben und alles aufkochen. Bei schwacher Hitze etwa drei Minuten garen. Dann den Kabeljau zugeben und zugedeckt bei schwacher Hitze in knapp zwei Minuten garziehen lassen. Die abgetropften Glasnudeln unterheben noch einmal kurz erhitzen, mit Dillspitzen bestreuen und sofort servieren.

Bachforelle auf Blattspinat mit Feta

(für 2 Portionen)
5 mittelgroße Kartoffeln
Salzwasser
1 Zwiebel
2 Knoblauchzehen
100 g Feta
½ Bio-Zitrone
Olivenöl
Salz und Pfeffer
Rosenpaprika
je 1 Messerspitze Curry- und Chilipulver
1 mittelgroße Forelle
2 Rosmarinzweige
450 g Blattspinat
125 ml Weißwein
Muskatnuss

Die ungeschälten Kartoffeln in reichlich Salzwasser ca. 25 Minuten kochen. In der Zwischenzeit die Zwiebel und den Knoblauch schälen und in feine, den Feta in grobe Würfel schneiden. Die Zitrone waschen und in Scheiben schneiden. Die gekochten Kartoffeln abgießen, etwas auskühlen lassen, schälen und jede in vier Teile schneiden. In eine Schüssel geben und mit 1-2 EL Olivenöl, Salz, Pfeffer, Paprika, Chili und Curry vermischen. Die Forelle waschen und, falls nötig, entschuppen und ausnehmen, ebenso die Kiemen entfernen. Den Fisch auf Küchenkrepp trocknen lassen, dann von innen und außen kräftig salzen und pfeffern. In den Bauch der Forelle die Rosmarinzweige, eine gewürfelte Knoblauchzehe und ein paar Scheiben Zitrone legen. Den Backofen auf 180° C vorheizen und eine Auflaufform mit Olivenöl fetten. In einer beschichteten Pfanne Olivenöl erhitzen, die Zwiebel darin anschwitzen, den restlichen Knoblauch dazugeben und kurz mitschwitzen. Den Spinat dazugeben, mit Weißwein ablöschen und zugedeckt bei schwacher Hitze etwa 10 Minuten köcheln lassen. Anschließend mit Salz, Pfeffer und etwas Muskatnuss abschmecken. Den gewürfelten Fetakäse untermengen und die Spinat-Feta-Mischung in die Auflaufform geben. Die Forelle in die Mitte legen und die Kartoffeln rundherum verteilen. Die Auflaufform in den Ofen stellen und das Ganze ca. 20 Minuten backen.

Forellenfilets im Spargel-Morchel-Sud

(für 6 Portionen)
110 g Butter
6 Kartoffeln
Salzwasser
6 Forellenfilets
24 weiße Spargelstangen
Salz und weißer Pfeffer
Zucker
6 Morcheln
1 kleine Schalotte
250 ml Gemüsefond
2 EL Öl
Kerbel zum Garnieren

70 g von der Butter würfeln und einfrieren. Die ungeschälten Kartoffeln in Salzwasser kochen und anschließend pellen. Die Forellenfilets, falls nötig, entgräten, kalt abspülen und trocken tupfen. Aus Alufolie sechs Rechtecke (25 x 10 cm) falten, dazu die Folie doppelt legen. Die Folie mit 20 g geschmolzener Butter dünn bestreichen. Den Spargel schälen, die Enden abschneiden und den Spargel in einem großen Topf mit reichlich Wasser, Salz und 1 Prise Zucker aufkochen und in 10–12 Minuten garen. Mit einer Schaumkelle herausnehmen und abtropfen lassen. 250 ml Spargelsud abmessen und beiseitestellen. Die Spargelspitzen abschneiden, die Stangen schräg in Stücke schneiden und abgedeckt bei 50–60 °C im Ofen warm halten. Getrocknete Morcheln 20 Minuten in lauwarmem Wasser einweichen und abtropfen lassen, ansonsten die frischen Morcheln gut waschen, abtropfen lassen und quer in Ringe schneiden. Die restliche Butter in einem Topf erhitzen. Die Schalotte schälen, sehr fein würfeln und mit den Morcheln kurz darin andünsten. Den Gemüsefond und den Spargelsud dazugießen und fünf Minuten köcheln. Die Morcheln herausnehmen, kurz beiseitestellen und den Sud auf ein Drittel einkochen. Die eiskalten Butterwürfel in der kochenden Soße schwenken, bis die Soße leicht bindet. Mit Salz und Pfeffer abschmecken. Die Soße kurz mit dem Pürierstab aufschlagen und die Morcheln wieder hineingeben. Die Kartoffeln eventuell halbieren, dann im heißen Öl goldbraun braten, salzen, pfeffern und im Backofen warm halten. In einem Topf

mit Dampfeinsatz etwas Wasser zum Kochen bringen. Die Forellenfilets salzen, pfeffern und mit der Hautseite nach oben auf die Alufolie legen. Dann je zwei Fischfilets mit Folie in den Topf setzen und zugedeckt bei mittlerer Hitze etwa fünf Minuten dämpfen. Die Fischfilets anschließend abgedeckt im Ofen warm halten. Die Haut vor dem Servieren vorsichtig abziehen. Die Morchelsoße nochmals erhitzen. Den Spargel und die Fischfilets auf sechs Portionstellern verteilen, die Kartoffeln daraufsetzen und alles mit der Soße beträufeln. Zum Schluss das Ganze mit Kerbelblättchen garnieren.

Geschmortes Hähnchen mit Estragon

(für 4 Portionen)
1 Hähnchen
Salz und Pfeffer
Mehl
2 EL Olivenöl
3 Zwiebeln
2 Knoblauchzehen
350 ml Geflügelbrühe
100 ml trockener Wermut
2 EL Crème fraîche
2 Stiele Estragon
3 EL körniger Dijonsenf

Das Hähnchen kalt abspülen und trocken tupfen. Mit einem scharfen, schweren Messer Keulen und Flügel vom Körper trennen, die Keulen im Gelenk trennen und das Bruststück vom Rücken trennen. Dann das Fleisch erst längs, dann quer halbieren und mit Salz und Pfeffer würzen. Die Hähnchenstücke im Mehl wenden, überschüssiges Mehl abklopfen, das Fleisch in einem breiten Topf im heißen Öl rundherum braun anbraten und herausnehmen. Die Zwiebeln und den Knoblauch schälen, fein würfeln, in das verbliebene Bratfett geben und ca. drei Minuten andünsten. Die Brühe dazugießen, den Wermut einrühren und alles zusammen aufkochen lassen. Die Flügel und Keulenstücke einlegen und 15 Minuten zugedeckt bei mittlerer Hitze schmoren (zwischendurch wenden). Die Hähnchenbrust in den Topf dazugeben und alles zugedeckt weitere 15 Minuten schmoren lassen. Die Crème fraîche unterrühren und ohne Deckel zum Kochen bringen, weitere 10 Minuten kochen. Den Estragon waschen, trocken schütteln, die Blätter abzupfen und fein hacken. Senf und Estragon zum Hähnchen geben und eine Minute kochen, mit Salz und Pfeffer abschmecken. Als Beilage passen sehr gut Nudeln oder Reis.

Semmelknödel mit Waldpilzragout

(für 4 Portionen)
6 alte Brötchen
250 ml Milch
2 EL Petersilie
3 Zwiebeln
1 EL Butter
5 Eier
1 TL Salz
Salzwasser
8 Scheiben Speck
700 g Pilze (z. B. Steinpilze, Egerlinge, Pfifferlinge)
etwas Öl
250 ml Steinpilzbouillon (ersatzweise Fleischbrühe)
50 ml Waldpilzfond
50 ml Weißwein (z. B. Rivaner)
etwas süße Sahne
200 g Crème fraîche
1 EL Basilikum

Die alten Brötchen in Würfel schneiden und mit der warmen Milch übergießen. Die Petersilie fein hacken, eine Zwiebel schälen, fein würfeln und beides kurz in Butter andünsten. Dann zu der Brötchenmasse geben und mit den Eiern und dem Salz vermischen. Die Masse ca. 20 Minuten stehen lassen, dann die Knödel formen und in leicht siedendem Salzwasser ca. 20 Minuten ziehen lassen. Den Speck in einer Pfanne knusprig braten, herausnehmen und auf ein Küchentuch legen. Die Pilze putzen und verlesen, die restlichen Zwiebeln würfeln oder in Ringe schneiden und beides in einer Pfanne mit etwas Öl andünsten. Die Pilze sollten noch Biss haben. Nun die Brühe sowie den Waldpilzfond hinzugeben und die Hitze etwas reduzieren. Den Weißwein und die Sahne bei mittlerer Hitze unterrühren, dann die Crème fraîche unterziehen, bis die gewünschte Konsistenz erreicht ist. Zum Schluss den Speck unter das Pilzragout geben. Die Semmelknödel mit dem Ragout anrichten und mit dem fein gehackten Basilikum bestreuen.

Waldpilzquiche

(für 6 Portionen)
200 g Mehl
60 ml Wasser
80 g Butter
½ TL Salz
1 Msp. weißer Pfeffer
150 g Zwiebeln

350 g Waldpilze (z. B. Steinpilze, Egerlinge, Pfifferlinge)
30 g Butter
150 g Wacholderschinken oder Speck
100 ml süße Sahne

2 Eier
150 g Crème fraîche
1 EL Speisestärke
1 Knoblauchzehe
1 TL frische Kräuter (z. B. Thymian, Rosmarin)

Das Mehl, das Wasser, die Butter sowie die Gewürze in eine Rührschüssel geben und mit den Knethaken des Handrührgerätes einen geschmeidigen Teig kneten. Dann bei Raumtemperatur mindestens 30 Minuten mit einem Tuch bedeckt ruhen lassen. Inzwischen die Zwiebeln schälen, in Ringe schneiden, die Pilze gründlich putzen, verlesen und in Scheiben schneiden. Im heißen Fett zuerst die Zwiebeln glasig dünsten, dann die Pilze dazugeben und so lange köcheln, bis alle Flüssigkeit verdunstet ist. Eine Quicheform (26 cm Durchmesser) ausfetten. Nun den Teig (bis auf einen kleinen Rest) auf dem Boden der Form auswalken. Den Rest zu einer Rolle formen und einen Rand ca. 2 cm hoch andrücken. Den Boden mehrfach mit einer Gabel einstechen. Den Wacholderschinken oder den Speck klein würfeln und kurz anbraten. Dann zusammen mit der Zwiebel-Pilz-Mischung auf dem Boden verteilen. Die Sahne mit den Eiern, der Crème fraîche und der Speisestärke verquirlen und mit Salz und Pfeffer abschmecken. Den geschälten Knoblauch hineinpressen, die fein gehackten Kräuter unterrühren und über die Zutaten in die Form gießen. Die Quiche bei 180–200 °C im unteren Drittel des Backofens 50–60 Minuten backen. In der Form noch etwas ausdampfen lassen, vorsichtig herausnehmen und lauwarm servieren.

Laubfrösche

(für 3 Portionen)	2 El Paniermehl	20 g Butter
1 kg Mangold	Salz und Pfeffer	250 ml Brühe
250 g Hackfleisch	2 El Petersilie	2 Tl Stärkemehl
1 Ei	1 Zwiebel	50 g saure Sahne

Die Mangoldblätter mit Stielen vom Strunk abbrechen und kurz in kochendem Wasser blanchieren. Die Mangoldblätter gut abtropfen lassen und auf ein großes Brett legen, dann die weißen Stiele abschneiden. Das Hackfleisch mit Ei und Paniermehl verkneten und mit Salz und Pfeffer würzen. Die Petersilie und die geschälte Zwiebel fein hacken und unter das Hackfleisch kneten. Die Masse nun zu kleinen Bällchen formen. Je nach Größe 1–2 Mangoldblätter zusammenlegen, die Hackbällchen darauflegen und mit dem Mangold umwickeln. In einer beschichteten Pfanne Butter erhitzen und die Laubfrösche darin kurz anbraten. Mit der Brühe ablöschen, mit einem Deckel verschließen und die Laubfrösche bei mittlerer bis niedriger Temperatur ca. 20 Minuten weich dünsten. Die Laubfrösche wieder aus der Pfanne nehmen. Dann die Soße kurz aufkochen, das Stärkemehl in etwas kaltem Wasser glatt rühren und damit unter Rühren die Soße binden. Die saure Sahne unterrühren, die Soße darf jetzt nicht mehr kochen. Zum Schluss die Laubfrösche noch einmal kurz in der Soße erwärmen und zu Kartoffeln oder Reis reichen.

Kichererbseneintopf mit Rosmarin

(für 6 Portionen)
350 g Kichererbsen
150 g weiße Bohnen
2 l Wasser
Meersalz
200 g Zwiebeln
6 große Knoblauchzehen
4 EL Olivenöl
1 EL Honig
1 EL Rosmarinnadeln
4 Lorbeerblätter
1 Glas geschälte Tomaten
Cayennepfeffer

Die Kichererbsen und Bohnen über Nacht in kaltem Wasser einweichen. Am nächsten Tag in 2 l Wasser zugedeckt köcheln lassen und zwischendurch abschäumen. Nach zwei Stunden mit Salz würzen und noch weitere 15 Minuten garen. Inzwischen die Zwiebeln und den Knoblauch schälen, fein würfeln. Die Zwiebelwürfel und den Knoblauch im Öl andünsten, den Honig dazugeben, Rosmarin und Lorbeer zufügen und die Kichererbsen-Bohnenmischung unterrühren. Die geschälten Tomaten mit Salz und Cayennepfeffer bestreuen und unter den Eintopf mischen. Den Eintopf zugedeckt 30 Minuten garen lassen, abschmecken und servieren.

Zimtrotkohl mit Walnüssen

(für 4 Portionen)
1 kleiner Rotkohl
2 Äpfel
1 Zwiebel
1 EL Butter oder Margarine
1 gehäufter TL Zimtpulver
200 ml naturtrüber Apfelsaft
Kräutersalz
frischer Pfeffer
etwas Muskat
50 g gehackte Walnusskerne

Vom Rotkohl die äußeren Blätter entfernen. Den Kohl vierteln, den Strunk herausschneiden und die Viertel in dünne Streifen hobeln. In ein Sieb geben, waschen und abtropfen lassen. Die Äpfel schälen, entkernen und in kleine Stücke schneiden. Die Zwiebel schälen und fein würfeln. Die Butter oder Margarine in einem Topf erhitzen und die Zwiebel- und Apfelwürfel darin andünsten. Das Zimtpulver und kurz danach den tropfnassen Rotkohl dazugeben und kurz mit andünsten. Nun mit dem Apfelsaft ablöschen und im geschlossenen Topf etwa 12 - 15 Minuten bei mittlerer Hitze garen. Den Rotkohl mit Salz, Pfeffer und frisch geriebener Muskatnuss abschmecken. Die Walnüsse in einer beschichteten Pfanne ohne Fettzugabe rösten und dann unter den Kohl geben. Dazu schmecken Kartoffelklöße und Getreidebratlinge.

Spargel mit Orangensoße

(für 2 Portionen)
2 kleine Eier
½ Bund Petersilie
100 ml süße Sahne
2 EL Reismehl
gekörnte Gemüsebrühe
100–150 ml Orangensaft

500 g frischer Spargel
1 l Gemüsebrühe
1 TL Vollrohrzucker
Salz
500 g kleine, festkochende Kartoffeln
2 EL Butter

1 EL gemahlene Haselnüsse
2 EL Sesamsamen
je 2 EL Sonnenblumen- und Kürbiskerne, fein gehackt
Kräutersalz

Den Spargel vorsichtig waschen, mit einem Sparschäler vom Köpfchen her dünn schälen und von den Stangenenden etwa 2 cm abschneiden. Die Gemüsebrühe zum Kochen bringen, den Vollrohrzucker und etwas Salz hinzufügen und den Spargel in etwa 10 Minuten (je nach Dicke der Stangen) bissfest garen. Dann den Spargel auf einem Sieb abtropfen lassen und warm halten. Die Brühe für die Soße auffangen und beiseitestellen. Währenddessen die Kartoffeln waschen, gar kochen, kurz abkühlen lassen und pellen. Die Butter in einem Topf schmelzen und die Haselnüsse, Sesam, Sonnenblumen- und Kürbiskerne darin kurz anbraten. Die Kartoffeln dazugeben, mit Kräutersalz bestreuen, mit einem Deckel verschließen und bei mittlerer Hitze einige Minuten leicht anbraten. Die Kartoffeln dabei immer wieder etwas schütteln, sodass sie nicht anbrennen können. Vom Herd nehmen und im geschlossenen Topf warm halten. Die Eier hart kochen, kurz auskühlen lassen und nach dem Schälen klein schneiden. Die Petersilie waschen, trocken schütteln und fein hacken. Für die Soße die Sahne mit dem Reismehl verrühren, aufkochen und etwa 200 ml Spargelbrühe hinzugießen. Dann die Soße erneut aufkochen und mit Kräutersalz, gekörnter Brühe und Orangensaft fruchtig-pikant abschmecken. Den Spargel mit den Nusskartoffeln portionsweise auf Tellern anrichten. Die Petersilie mit dem gehackten Ei vermischen und über dem Spargel verteilen. Die Orangensauce extra dazu reichen.

Brennnessel-Bärlauch-Gratin

(für 2 Portionen)
200 g junge Brennnesseln
500 g Kartoffeln
Salzwasser
150 g Bärlauch
1 Zwiebel
etwas Öl
je 1 Prise Salz und Pfeffer
250 ml süße Sahne
1 Ei
30 g Butter
ca. 5 EL geriebener Käse

Nach dem Ernten die Brennnesseln einige Stunden liegen lassen. Die ungeschälten Kartoffeln in Salzwasser kochen, auskühlen lassen und schälen. Den Bärlauch und die Brennnesseln waschen, in siedendem Wasser kurz blanchieren und klein schneiden. Die Zwiebel schälen, fein hacken und in einer Pfanne mit etwas Öl glasig dünsten. Die Kartoffeln in Scheiben schneiden und zu der Zwiebel geben, Bärlauch- und Brennnesselblätter ebenfalls hinzufügen und kurz mitdünsten. Das Ganze mit Salz und Pfeffer würzen und vom Herd nehmen. Die Sahne und das Ei gut verrühren und mit etwas Salz würzen. Eine Gratinform mit Butter einfetten und die Kräutermischung und die Sahnesoße schichtweise in die Form geben. Den Käse darüberstreuen und das Gratin im vorgeheizten Ofen bei 200°C etwa 15 Minuten backen (bis der Käse schön golden ist). Dazu passt gut ein gemischter Salat.

Bretonische Buchweizencrêpes

(für 2 Portionen)
100 g Buchweizenmehl
1 Ei
Salz
125 ml Wasser
2 Knoblauchzehen
3 Thymianzweige
3 Tomaten
2 EL Tomatenmark
2 EL Crème fraîche
Cayennepfeffer
2 mittelgroße Zwiebeln
3 EL Öl
300 g Blattspinat
frisch gemahlener schwarzer Pfeffer
100 g Greyerzer oder Appenzeller Käse

Das Buchweizenmehl mit dem Ei, dem Salz und Wasser verrühren und 10 Minuten quellen lassen. Der Teig sollte recht dünnflüssig sein, deshalb eventuell mehr Wasser dazugeben. Die Knoblauchzehen schälen, fein hacken und die Thymianblättchen von den Zweigen zupfen. Die Tomaten mit heißem Wasser überbrühen, anschließend häuten und klein schneiden. Mit Tomatenmark, gehacktem Knoblauch und abgezupftem Thymian im offenen Topf kochen, bis die Flüssigkeit verdampft ist. Etwas abkühlen lassen, die Crème fraîche dazugeben, mit Salz und Cayennepfeffer würzen und alles miteinander verrühren. Die Zwiebeln schälen, hacken und in einem Topf mit 1 EL Öl kurz andünsten. Den gewaschenen, tropfnassen Spinat dazugeben, mit Salz und Peffer würzen und bei hoher Hitze zusammenfallen lassen. Den Deckel vom Topf nehmen und die Flüssigkeit im Topf verdampfen lassen. Öl in eine mittelgroße Pfanne geben und erhitzen, dabei gut verteilen. Mit einer Suppenkelle den Teig in die heiße Pfanne gießen und portionsweise vier bis sechs Crêpes backen. Die Crêpes erst wenden, wenn sich der Teig vom Pfannenrand löst. Die fertig gebackenen Crêpes auf vorgewärmte Teller geben. Zuerst die Tomatensoße, dann den gedünsteten Spinat daraufgeben und das Ganze mit dem geriebenen Käse bestreuen.

Ziegenkäseravioli mit Trüffelhonig

(für 4 Portionen)
4 EL Honig
weißer Trüffel
1 TL Trüffelöl
1 EL alter Balsamico

1 Rolle Saint Maure
(kräftiger Ziegenkäse)
Nudelteig für
4 Portionen

Die Ziegenkäserolle in ca. 2 cm dicke Scheiben schneiden. Aus dem Nudelteig zwei unterschiedlich große Kreise ausstechen (einer etwas größer als die Käsescheiben, der andere noch größer). Auf die kleineren Kreise legt man die Käsescheiben, die größeren Kreise werden darübergelegt und mit den unteren verschlossen. Es sollen kleine Päckchen entstehen. Anschließend den Honig mit gehobeltem Trüffel und dem Trüffelöl vermischen. Die Ziegenkäseravioli für 3-4 Minuten in leicht kochendes Wasser geben, mit einer Schaumkelle herausheben und auf Tellern anrichten. Die Trüffelhonig-Mischung über die Ziegenkäseravioli verteilen und einige Tropfen vom alten Balsamico darüberträufeln. Dieses Pastagericht eignet sich auch gut als Nachspeise.

Cashewnussbraten mit Salbei-Zwiebel-Füllung

(für 4 Portionen)
2 Stangen Sellerie
1 Stange Porree
115 g Margarine
1 TL Hefeflocken
350 ml Gemüsebrühe
2 EL Sojamehl
550 g Cashewnüsse
2 TL Kräuter
(nach Belieben)
160 g Weißbrot
Salz und Pfeffer
1 große Zwiebel
8 TL Salbei
6 Scheiben Vollkornbrot

Den Sellerie und den Porree in feine Ringe schneiden und in einem großen Topf mit 30 g Margarine kurz andünsten. Die Hefeflocken mit der heißen Gemüsebrühe verquirlen und in den Topf geben. Anschließend das Sojamehl, die Nüsse und die fein gehackten Kräuter untermischen. Das Weißbrot zerkrümeln, hinzufügen, untermischen und alles mit Salz und Pfeffer abschmecken. Nochmals alle Zutaten gut vermischen, den Topf beiseitestellen und kurz abkühlen lassen. Währenddessen eine Kastenform gut einfetten. In einer kleinen Pfanne 85 g Margarine schmelzen und die geschälte, fein gehackte Zwiebel darin glasig dünsten. Die Salbeiblätter klein hacken. Das Vollkornbrot mit den Händen zerkrümeln, mit dem Salbei in die Pfanne geben und gut vermischen. Mit Salz und Pfeffer abschmecken und fertig ist die Füllung. Nun die Hälfte der Nussmischung in die Form füllen und gut andrücken, die Füllung darauf verteilen und nochmals gut andrücken. Dann mit dem Rest der Nussmischung den Braten abschließen und gut andrücken. Den Braten im Backofen bei 180 °C 40 Minuten backen. Anschließend vorsichtig auf eine Platte stürzen und in dicke Scheiben schneiden. Dazu passen z. B. gut Salzkartoffeln, selbst gemachte Klöße und Rotkohl. Man kann auch andere Nüsse dafür verwenden, z. B. Mandeln oder Walnüsse.

Würzige Kräuterpfannkuchen

(für 4–5 Pfannkuchen)
3 Eier
500 ml Milch
250 g Mehl
2 TL Butter

2 dicke Prisen Salz
1 Prise Pfeffer
1 dicke Prise Muskatnuss
1 Prise Muskatblüte
etwas Zitronenschale

frische Kräuter
(nach Belieben)
etwas Öl

In einer Rührschüssel die Eier mit der Milch verquirlen, Mehl und Butter dazugeben und rühren, bis der Teig dicken, alten Spinnweben ähnelt. Dann die Gewürze und die fein gehackten Kräuter unterrühren. In einer Pfanne etwas Öl (sehr gut: Basilikumöl) erhitzen und den Teig portionsweise zu Pfannkuchen ausbacken. Diese auf vorgewärmten Tellern anrichten und mit Kräuterzweigen garnieren.

Bärlauchquiche

(für 3 Portionen)
Teig: 250 g Mehl (Type 405)
3 EL Sesamsamen
½ TL Salz
125 g kalte Butter
1 EL kaltes Wasser
Fett für die Form

Belag:
200 g Bärlauchblätter (ca. 4 Bund)
2 Eier
200 g Naturjoghurt
100 g saure Sahne
150 g Greyerzer Käse
Salz
1 Prise Cayennepfeffer
1 Prise Muskat
1 Prise Kardamom
Linsen zum Blindbacken
Backpapier
Sesamsamen zum Bestreuen

Das Mehl mit den Sesamsamen und dem Salz mischen, die Butter in kleinen Stückchen und das Wasser dazugeben und alles rasch verkneten. Eine Quicheform (28 cm Durchmesser) fetten, den Teig passend ausrollen, dabei einen etwa 2,5 cm hohen Rand formen, kühl stellen. Inzwischen den Bärlauch waschen, trocken schütteln, in Streifen schneiden und mit den Eiern, dem Joghurt und der sauren Sahne verrühren. Den Käse reiben, unterheben und die Masse mit Salz, Cayennepfeffer, frisch geriebenem Muskat und dem Kardamom abschmecken. Den Backofen auf 175 °C vorheizen. Dann das Backpapier auf den Teig legen, die Linsen darauf verteilen und den Boden etwa fünf Minuten auf mittlerer Schiene blindbacken. Dann wieder herausnehmen, das Backpapier mit den Linsen entfernen. Den Belag auf dem Quicheboden verteilen, nach Belieben Sesamsamen darüberstreuen und die Bärlauchquiche auf mittlerer Schiene etwa 30 Minuten backen.

Rosmarinkartoffeln mit Brennnesselsalat

(für 2 Portionen)
300 g Kartoffeln
400 g Brennnesseln
Saft von 1 Zitrone
3 EL Olivenöl
1 TL Apfelsaft
1 Knoblauchzehe
1 Prise Pfeffer
1 Prise Salz
400 ml Olivenöl
2 EL Butter
2 Zweige Rosmarin
3 frische Knoblauchzehen

Zunächst die ungeschälten Kartoffeln kochen, sodass sie gerade gar sind, und in Längsrichtung vierteln. Die Brennnesseln waschen, die Blätter von den Stängeln zupfen und auf Küchenpapier abtropfen lassen, anschließend die Blätter klein hacken. In einer Schüssel den Saft der Zitrone mit 3 EL Olivenöl, dem Apfelsaft, der geschälten, fein gehackten Knoblauchzehe sowie Salz und Pfeffer gut verrühren. Dann das restliche Olivenöl und die Butter in einer Pfanne erhitzen. Sobald Bläschen aufsteigen, die Kartoffeln, die drei Knoblauchzehen (evtl. ungeschält) sowie die abgezupften Rosmarinnadeln hinzugeben und backen, bis sie bräunen. Zum Schluss die Kartoffeln salzen und auf vorgewärmten Tellern anrichten. Die Marinade über die Brennnesseln geben, vorsichtig durchmischen und servieren. Man kann den Salat auch mit Gänseblümchen garnieren.

Kartoffel-Pilz-Gratin

(für 4 Portionen)
500 g Kartoffeln
Fett für die Form
Salz und Pfeffer
350 g Waldpilze
1 große Zwiebel
etwas Öl
50 ml Gemüsebrühe
70 ml süße Sahne
3 Tomaten
1 EL gehackte Nüsse
100 g geriebener Käse
1 Rosmarinzweig

Die rohen Kartoffeln schälen, in Scheiben schneiden oder hobeln und in einer gefetteten Auflaufform verteilen. Mit Salz und Pfeffer würzen. Die Pilze putzen und verlesen, die Zwiebel schälen und fein hacken. In einer Pfanne mit etwas Öl die Pilze und die Zwiebel kurz anbraten und salzen. Dann auf den Kartoffelscheiben verteilen. Den Backofen auf 180 °C vorheizen. Die Brühe mit der Sahne verrühren und über die Pilze gießen. Die Tomaten waschen, in Scheiben schneiden und darauf verteilen, ebenso die gehackten Nüsse. Das Ganze mit dem Käse bestreuen, den Rosmarinzweig darauflegen und das Gratin 45 Minuten backen.

Kürbissalat mit Birnen-Pastinaken-Dressing

(für 4 Portionen)
400 g Kürbis
Öl zum Dünsten und Anrösten
400 g Pastinaken
1 Birne
12 Salatblätter
50 g Walnusskerne
4 Scheiben Pumpernickel
3 EL Obstessig
150 g Joghurt
1 EL kaltgepresstes Olivenöl
1 Prise Salz
1 Prise schwarzer Pfeffer
etwas frischer Dill
etwas Zucker oder Honig

Den Kürbis halbieren, schälen, entkernen und in mundgerechte Stücke schneiden. In einer Pfanne mit etwas Öl kurz dünsten. Die Pastinaken und die Birne schälen und klein raspeln. Die Salatblätter waschen und in sehr schmale Streifen schneiden. Etwas Öl in einer Pfanne erhitzen und die Walnusskerne darin anrösten. Diese dann zerstoßen und die Pumpernickelscheiben darin wenden. Für das Dressing den Essig und den Joghurt in eine Schüssel geben und mit dem Olivenöl glatt rühren. Mit Salz und Pfeffer würzen und mit etwas Zucker oder Honig süßen. Die Birnen- und Pastinakenraspel dazugeben und gut vermischen. Das Pastinaken-Birnen-Dressing mittig auf vier Tellern anrichten und rundherum die Kürbisstücke verteilen. Die Salatstreifen darüberschichten, etwas Pfeffer darübermahlen und das Ganze mit Dillzweigen garnieren. Die Walnuss-Pumpernickel auf einem extra Teller anrichten.

Steinpilzrisotto

(für 4 Portionen)
1½ l Geflügelbrühe
2 Zwiebeln
3 EL Olivenöl
250 g Rundkornreis (Avorio)
400 g Steinpilze
200 ml trockener Weißwein
Salz und Pfeffer
45 g Butter
80 g Parmesan
2 Thymianzweige

Die Geflügelbrühe erhitzen und am Sieden halten. Eine Zwiebel schälen, in feine Würfel schneiden und mit 1 EL Olivenöl in einem großen Topf (3 l) glasig dünsten. Den Reis einstreuen und mit einem Holzlöffel rühren, bis er glasig aussieht und ganz leicht angeröstet ist. Die Hitze nun etwas höher stellen. Die Steinpilze putzen, in Scheiben schneiden, die zweite Zwiebel schälen, fein würfeln und in 2 EL Olivenöl glasig dünsten. Die Steinpilze zugeben und 1–2 Minuten dünsten, sodass sie noch bissfest sind. Anschließend mit dem Wein ablöschen, salzen, pfeffern und den Sud bei starker Hitze 2–3 Minuten einkochen, dann vom Herd nehmen. Ca. 125 ml von der siedend heißen Brühe angießen und die Steinpilze unter die Reiskörner mischen. Unter ständigem Rühren weiterkochen, bis der Reis die Flüssigkeit ganz aufgesogen hat. Dann wieder 125 ml heiße Brühe zugießen und unter Rühren köcheln, bis wieder alle Flüssigkeit aufgenommen ist. Diesen Ablauf so lange wiederholen (dauert etwa 30 Minuten), bis der Reis cremig und weich, jedoch noch körnig ist. Falls die Brühe vor Ende der Garzeit aufgebraucht ist, kann man stattdessen kleine Mengen heißes Wasser nehmen, bis der Reis gar ist. Nun den Topf vom Herd nehmen und die Butter sowie den geriebenen Parmesan unter kräftigem Rühren mit dem Reis vermischen. Mit Salz und Pfeffer abschmecken. Die Thymianblättchen von den Stängeln zupfen, darüberstreuen und das Risotto servieren.

So koche nun den süßen Brei,
mit Honig, Mandeln, Rosenblättern,
und süßen Früchten allerlei,
den Liebestropfen – davon drei.
Liebesspeise süß und fein,
bald wird er der meine sein!

(Larytta, Hexe der Verführung)

Lebkuchen nach Hexenart

(für 16 Stück)
4 große Eier
5 EL Honig
je 1 Msp. Vanillepulver, Nelken, Piment und Kardamom
1 TL Zimt
1 unbehandelte Zitrone
100 g gewürfeltes Zitronat
200 g gemahlene Mandeln
50 g gehackte Mandeln
250 g Weizenvollkornmehl
1 TL Weinsteinbackpulver
etwas Milch
abgezogene Mandeln zum Verzieren

Die Eier und den Honig in eine Schüssel geben und zu einer Schaummasse rühren. Alle Gewürze, das Zitronat, die abgeriebene Schale der Zitrone, das Zitronat und die Mandeln dazugeben und gut vermengen. Das Mehl mit dem Backpulver mischen, darübersieben und langsam mit einrühren. Alles gut verrühren. Falls der Teig zu fest ist, etwas Milch zugeben. Den Backofen auf 170 °C (Heißluft 150 °C) vorheizen. Ein Backblech mit Backpapier auslegen, den Lebkuchenteig darauf verteilen und glatt streichen. Mit den Mandeln auf der Teigoberfläche Muster nach Belieben legen und die Mandeln etwas andrücken. Das Blech in den Ofen schieben und 20 Minuten backen. Danach den Lebkuchen herausnehmen, erkalten lassen, in Stücke schneiden und servieren.

Schürzkuchen

(für 36 Stück)
125 g Butter oder Margarine
1 Prise Salz
275 g Zucker
1 Päckchen Vanillezucker
Schale einer unbehandelten Zitrone
2 Eier
500 g Mehl
1 Päckchen Backpulver
6 EL Weißwein
1 kg weißes Speisefett zum Ausbacken

Die Butter mit dem Salz 125 g Zucker, dem Vanillezucker und der Zitronenschale in einer Rührschüssel schaumig rühren. Dann die Eier nacheinander unterrühren. Das Mehl mit dem Backpulver mischen und die Hälfte davon zusammen mit dem Wein unterrühren. Das restliche Mehl unterkneten, alles zu einer glatten Kugel formen und anschließend ca. 30 Minuten im Kühlschrank ruhen lassen. Dann den Teig auf einer leicht bemehlten Arbeitsfläche mit einem Wellholz ca. 2 mm dick auswellen. Mit einem Teigrädchen nun ca. 11 x 4 cm große Rechtecke ausrädeln. In die Mitte dieser Rechtecke einen ca. 7 cm langen Einschnitt machen und eine der schmalen Seiten vorsichtig durch diesen Schlitz ziehen. Das Speisefett in der Fritteuse auf 180° C erhitzen oder das Fett in einem Topf heiß machen. Die Schürzkuchen ins heiße Fett geben und darin backen, bis sie eine goldgelbe Farbe haben. Mit einer Schaumkelle herausnehmen und zum Abtropfen auf Küchenpapier legen. Dann sofort im restlichen Zucker wenden.

Kürbiskuchen

(für 10–12 Stück)
4 Eier
200 g Zucker
Saft von ½ Zitrone
40 g Honig
200 g Kürbisfleisch
5 g Zimtpulver
120 g gemahlene Mandeln
100 g Mehl
3 g Backpulver
Butter für die Form
abgeriebene Schale von
2 unbehandelten Zitronen
50 ml Wasser
50 ml Kirschwasser
150 g Puderzucker

In einer Rührschüssel Eier und Zucker schaumig rühren. Den Zitronensaft und den Honig erwärmen und dazugeben. Das Kürbisfleisch klein raspeln, mit dem Zimt und den Mandeln ebenfalls dazugeben und verrühren. Das Mehl mit dem Backpulver mischen und nach und nach unterrühren. Den Teig in die gebutterte, mit Zitronenschale ausgestreute Form (22–24 cm Durchmesser) füllen und im vorgeheizten Backofen bei 180 °C 50–55 Minuten backen. Den Kuchen herausnehmen und auskühlen lassen. Das Wasser mit dem Kirschwasser mischen und den Puderzucker durch ein Sieb hineinstreuen. Die Glasur gut verrühren und auf den noch lauwarmen Kuchen pinseln.

Sabbatkuchen

(für 10–12 Stück)
75 g Butter oder Margarine
50 g brauner Zucker
1 El Honig
je 1 Prise: Kardamom, Salz, Zimt und Nelkenpulver
1 El Weißwein
1 El Wasser
150 g Weizenmehl
125 g Hafermehl
1 Msp. Backpulver

Die Butter oder Margarine mit dem Zucker, dem Honig und den Gewürzen schaumig rühren. Wein und Wasser dazugeben und weiterrühren. Weizenmehl, Hafermehl und Backpulver vermischen und nach und nach unterrühren. Aus dem Teig handtellergroße Küchlein formen und im vorgeheizten Backofen bei 220° C ca. 20 Minuten backen.

Sehr oft wird bei Ritualen oder beim Feiern des Vollmondes und anderer energetischer Feiertage zum Kräuterwein ein kleiner Kuchen gegessen, der Sabbatkuchen!

Himmlische Zimtcreme mit Blaubeeren

(für 4 Portionen)
100 ml Milch
100 ml süße Sahne
2 Zimtstangen
3 Eigelb
2 TL Speisestärke
70 g Rohrohrzucker
250 g Blaubeeren
4 EL Rohrohrzucker
Blaubeeren zum Garnieren
1 Bund Minze

Die Milch zusammen mit der Sahne und dem Zimt aufkochen. Dann beiseitestellen, damit sich das Aroma entfalten kann. Die Zimtstangen aus der Milchsahne nehmen, Eigelbe, Stärke und Zucker dazugeben und gut verrühren. Unter Rühren köcheln, bis die Creme eindickt, dann etwas abkühlen lassen. Die Blaubeeren in einem Sieb abspülen und abtropfen lassen. Dann die Beeren auf Gläser verteilen und die Zimtcreme dazugeben. Das Ganze mit Zucker bestreuen und diesen unter dem Grill oder mit einem Gasbrenner karamellisieren. Mit Blaubeeren und Minze garniert servieren.

Gebackene Salbeiblätter mit Himbeerpüree

(für 4 Portionen)
200 g Himbeeren
40 g Puderzucker
½ TL Zitronensaft
20 ml Himbeergeist

125 g Mehl
200 ml Weißwein
1 Prise Salz
2 Eier
2 EL Zucker

Fett zum Ausbacken
36 Salbeiblätter
Puderzucker
zum Bestäuben

Die Himbeeren waschen, verlesen und einige Früchte zum Garnieren beiseitelegen. Die restlichen Himbeeren in einen Topf geben, den Puderzucker hinzufügen und zusammen kurz aufkochen lassen. Anschließend die Himbeeren durch ein Sieb streichen und das Püree mit dem Zitronensaft sowie dem Himbeergeist mischen. Das Mehl in eine Schüssel sieben und zusammen mit dem Weißwein und dem Salz zu einem glatten Teig verarbeiten. Die Eier trennen und die Eigelbe unter den Teig rühren. Aus den Eiweißen einen Eischnee schlagen, den Zucker dazugeben und unter den Teig heben. In einer Fritteuse oder einem hohen Topf das Fett auf 170° C erhitzen. Die Salbeiblätter waschen, trocken schütteln und durch den Teig ziehen. Dann die Blätter im heißen Fett goldgelb backen, anschließend auf Küchenkrepp abtropfen lassen. Das Himbeerpüree auf den Tellern verteilen und die Salbeiblätter sternförmig am Tellerrand anrichten. Mit etwas Puderzucker bestäuben. Zuletzt die frischen Himbeeren in der Mitte des Tellers arrangieren.

Amaranthwaffeln

(für 12 Waffeln)
80 g weiche Butter
80–100 g Honig
etwas Bourbonvanille
3 Eier

150 g feines Amaranthmehl
150 g Buchweizenmehl
½ Pck. Weinsteinbackpulver

300–375 ml Milch
1 Schuss Rum (nach Geschmack)
1 Becher süße Sahne
frische Früchte der Saison

Die Eier mit der weichen Butter, dem Honig und der Vanille schaumig rühren. Amaranth- und Buchweizenmehl mit dem Backpulver vermischen und abwechselnd mit der Milch und dem Rum zur Eier-Buttermasse geben. Die Zutaten zu einem dickflüssigen Teig verarbeiten. Dann portionsweise in einem heißen Waffeleisen knusprig backen. Die fertigen Waffeln mit Schlagsahne und frischen Früchten servieren.

Süßes Birnenbrot

(für 4 Portionen)
250 g Mehl
20 g Hefe
2 EL brauner Zucker
100 ml Milch
30 g Butter
1 Prise Salz
200 g Dörrbirnen
100 g Dörrpflaumen
100 g gedörrte Apfelschnitze
50 g Feigen
50 g Weinbeeren
50 g Sultaninen
75 g gehackte Nüsse
50 g Rosinen
50 g Zucker
½ TL Zimt
½ TL Ingwer
½ TL Kardamom
½ TL Nelkenpulver
abgeriebene Schale von 1 unbehandelten Zitrone
1 Schuss Birnenschnaps (alternativ auch Kirschwasser)
1 großes Ei

Das Mehl in eine vorgewärmte Schüssel sieben und in die Mitte eine kleine Mulde drücken. Die Hefe in die Mulde bröckeln und mit etwas Zucker, einigen EL lauwarmer Milch und Mehl zu einem weichen Teig, dem Vorteig, verrühren. Den Vorteig zugedeckt an einem warmen Platz ca. 15 Minuten gehen lassen, bis er seinen Umfang etwa verdoppelt hat. Den Vorteig mit Mehl bestreuen, den Rest Zucker, die warme Milch, die weiche Butter und eine Prise Salz dazugeben. Den Teig gut verkneten, bis er Blasen wirft und sich von den Händen und der Schüssel löst, dann noch einmal 15 Minuten an einem warmen Ort zugedeckt gehen lassen. Für die Füllung zunächst das eingeweichte Dörrobst langsam weichkochen, dann mit den Nüssen und den Rosinen durch den Fleischwolf drehen. Den Zucker, die Gewürze, die Zitronenschale und den Birnenschnaps dazugeben und alles gut vermischen. Den gut aufgegangenen Hefeteig ausrollen, mehrere Male mit einer Gabel einstechen und erneut 15 Minuten zugedeckt gehen lassen. Dann mit der Füllmasse bestreichen. Die Teigplatte einrollen, mit gequirltem Ei bestreichen und nach nochmaligem Gehen bei 200° C ca. 45 Minuten backen.

Scheiterhaufen mit Äpfeln und Marzipan

(für 4 Portionen)
3 säuerliche Äpfel
2 EL Butter
2 EL Zitronensaft
6 Eier
200 ml süße Sahne
50 g Marzipanrohmasse
2 EL Rum
4 große Scheiben Weißbrot
4 EL Preiselbeeren

Die Äpfel waschen, vom Kerngehäuse befreien und in dünne Scheiben schneiden. Die Butter in einer Pfanne erhitzen, die Apfelscheiben darin von beiden Seiten anbraten und mit Zitronensaft beträufeln. Die Eier mit der Sahne in einer Schüssel verquirlen, das fein geraspelte Marzipan sowie den Rum zugeben und zusammen verrühren. Die Brotscheiben in der Eier-Sahnemischung ca. 10 Minuten einweichen, dabei einmal wenden. Den Backofen auf 200°C vorheizen. Die eingeweichten Brotscheiben in eine Auflaufform legen und darauf gleichmäßig die Apfelringe verteilen. Zum Schluss die restliche Eiersahne darübergießen und das Ganze ca. 10 Minuten backen. Den Scheiterhaufen mit heißen Preiselbeeren servieren.

Feenspeise

(für 4 Portionen)
200 g Hirse
etwa doppelt so viel Wasser und Wasser zum Nachgießen
1 Vanillejoghurt
1 Hand voll Rosinen
frische Beeren (z. B. Erdbeeren, Himbeeren, Johannisbeeren, Heidelbeeren ...)
etwas Himbeersaft
1 Priese Zimt
1 Hand voll Nüsse

Die Hirse mit der doppelten Menge kochendem Wasser übergießen und zwei Stunden quellen lassen. Dann ca. 15 Minuten auf kleiner Flamme weich kochen (falls notwendig, Wasser nachgießen). Den Vanillejoghurt, die Rosinen und die Beeren unterrühren und mit Himbeersaft (zum Süßen) und Zimt abschmecken. Die Nüsse klein hacken und über die Feenspeise streuen.

Rhabarberkompott auf saurer Sahne

(für 4 Portionen)
1 kg Rhabarber
100 g Zucker
50 ml Himbeersirup
Schale von 1 unbehandelten Zitrone
125 ml Wasser
400 g saure Sahne (stichfest)
Akazienhonig
kleine Baisers (zum Garnieren)

Die Rhabarberstangen waschen, beide Enden abschneiden, die Schale abziehen und den Rhabarber in Stücke schneiden. Junge, dünne Stangen müssen nicht unbedingt abgezogen werden. Die Rhabarberstücke, den Zucker, den Himbeersirup und die Zitronenschale in einem Topf verrühren. Dann für etwa 10 Minuten stehen lassen, damit das Ganze Saft ziehen kann. Anschließend das Wasser dazugeben und den Rhabarber im geschlossenen Topf etwa drei Minuten köcheln lassen. Dann vom Herd nehmen und zugedeckt noch fünf Minuten ziehen lassen. Den Deckel zwischendurch nicht abnehmen, sonst entweicht die Hitze, und der Rhabarber kann nicht mehr nachgaren! Die saure Sahne mit etwas Akazienhonig verrühren und portionsweise in vier Glasschälchen oder Gläser füllen. Darauf das Rhabarberkompott geben und mit den kleinen Baisers garnieren. Das schmeckt nicht nur herrlich, sondern sieht auch schön aus.

Ahorncreme mit Nüssen

(für 4 Portionen)
250 ml Milch
50 g Reismehl
10 EL Ahornsirup
2 EL Zitronensaft
100 g Walnüsse
200 ml süße Sahne

Die Milch in einem Topf zum Kochen bringen, das Reismehl unter Rühren hineingeben und etwa drei Minuten lang kochen lassen. Dann 2 EL Ahornsirup und Zitronensaft unter den Reisbrei rühren. Die Walnüsse grob hacken und in einer beschichteten Pfanne ohne Fett leicht anrösten. 4 EL Ahornsirup hinzufügen und mit den Nüssen karamellisieren lassen. Dann die heißen Nüsse unter den Reisbrei mischen und das Ganze etwas abkühlen lassen. Die Sahne steif schlagen, unter die abgekühlte Creme ziehen und diese im Kühlschrank erkalten lassen. Die Creme in vier Dessertschalen anrichten und mit je einer Walnuss und dem restlichen Ahornsirup verzieren.

Fliederbeersuppe mit Klüten

(für 4 Portionen)	½ Stange Zimt	3 säuerliche Äpfel
1 l Holunderbeersaft (gekauft oder selbst gemacht: aus 1,5 kg Holunderbeeren)	2 Nelken	1 Prise Salz
1 Stück Schale von einer unbehandelten Zitrone	5 g Speisestärke	40 g Butter
	375 ml Wasser	80 g Grieß
	125 g Zucker	2 Eier
	1 EL Zitronensaft	Salzwasser

Den Holunderbeersaft mit der Zitronenschale, dem Zimt und den Nelken aufkochen. Die Speisestärke in Wasser auflösen, zum Saft gießen und diesen damit binden. 125 ml Wasser zum Kochen bringen, den Zucker darin auflösen und den Zitronensaft dazugeben. Die Äpfel schälen, vierteln, entkernen, in kleine Stücke schneiden und kurz im Zitronen-Zuckersud mitkochen und dann zugedeckt ziehen lassen. Die Äpfel werden erst kurz vor dem Servieren in die Suppe gegeben. Nun 250 ml Wasser aufkochen, Salz und Butter hineingeben, den Grieß langsam einrieseln lassen und unter Rühren zu einem festen Brei werden lassen. Den Topf vom Feuer nehmen, wenn sich der Teig vom Topfboden löst. Dann nacheinander die Eier hineinrühren. Anschließend den Teig kurz auskühlen lassen. Mit einem EL, den man vorher in heißes Wasser taucht, Klöße aus dem Teig stechen. Diese dann 20-25 Minuten in siedendem Salzwasser ziehen lassen, bis sie an der Oberfläche schwimmen. Mit einer Schaumkelle herausnehmen und abtropfen lassen. Die Klüten in Suppenteller legen, diese mit der heißen Fliederbeersuppe übergießen und zum Schluss die Apfelstücke hinzufügen.

Grießpudding mit Heidelbeerpüree

(für 12 Portionen)
2 Vanilleschoten
120 g Hartweizengrieß
120 g Zucker
3 Eier
800 ml Milch
abgeriebene Schale von
1 unbehandelten Zitrone
750 g Heidelbeeren
120 g Zucker
200 ml Portwein
5 EL Cassis (schwarzer
Johannisbeerlikör)

Für den Pudding die Vanilleschoten längs aufschneiden und das Mark herauskratzen. Den Grieß mit 60 g Zucker mischen. Die Eier in zwei Gefäße trennen. Die Milch mit der Zitronenschale, dem Vanillemark und den Vanilleschoten aufkochen und die Grieß-Zucker-Mischung unter Rühren einrieseln lassen. Das Ganze bei mittlerer Hitze unter ständigem Rühren drei Minuten köcheln, dann die Vanilleschoten herausnehmen. Die Eigelbe leicht verquirlen und schnell unter den heißen Grieß rühren. Die Eiweiße mit dem restlichen Zucker steif schlagen und den Eischnee mit einem Teigschaber unter den Grieß heben. 12 Förmchen oder Tassen kalt ausspülen und mit der Grießmasse füllen, abkühlen lassen und mit Folie abdecken. Mehrere Stunden oder über Nacht kalt stellen. Die Heidelbeeren waschen und gut abtropfen lassen. Den Zucker in einem Topf bei schwacher Hitze hellbraun karamellisieren, Portwein und Cassis zugießen und bei mittlerer Hitze 2-3 Minuten köcheln lassen. Die Hälfte der Heidelbeeren zugeben, nochmals drei Minuten bei mittlerer Hitze köcheln und alles mit dem Pürierstab pürieren. Nun die restlichen Heidelbeeren zugeben, kurz aufkochen und dann vollständig kalt werden lassen. Den Pudding vor dem Servieren mit einem Messer vom Formrand lösen und die Förmchen auf eine Platte stürzen. Das Heidelbeerpüree über den Grießpudding geben und diesen servieren.

Kürbis-Sanddorn-Dessert

(für 6 Portionen)
50 g Rosinen
300 ml Multivitaminsaft
700 g Kürbis (Hokkaido oder Butternuss)
4 EL Sanddornsaft
1 Prise Ingwerpulver
1 Prise Zimtpulver
4 EL Akazienhonig
200 ml süße Sahne
2 EL Kokosspäne

Die Rosinen in den erhitzten Multivitaminsaft geben und ca. fünf Minuten köcheln lassen. Den Kürbis schälen, entkernen und das Fruchtfleisch würfeln. Zu den Rosinen geben und 10 Minuten bei mittlerer Hitze garen. Dann alles pürieren, den Sanddornsaft unterrühren und mit den Gewürzen und dem Honig abschmecken. Das Kürbispüree vollständig abkühlen lassen (z. B. im Kühlschrank). Nun die Sahne steif schlagen, unter das Püree ziehen und dieses in sechs Schälchen füllen. Die Kokosspäne ohne Fett in einer beschichteten Pfanne kurz rösten und über das Dessert streuen.

Hagebuttenparfait mit Zimtsahne

(für 6 Portionen)
6 Eigelb
30 g Puderzucker
150 g Hagebuttenkonfitüre
4 EL Weißwein
250 ml süße Sahne
150 ml süße Sahne
evtl. Puderzucker
½ TL Zimtpulver
2 EL Hagebuttenkonfitüre
1–2 EL Cassis (schwarzer Johannisbeerlikör)
evtl. 6 kleine Hagebuttenzweige

Man beachte: Das Parfait sollte einen Tag vor dem Verzehr zubereitet werden, da es gefrieren muss! Die Eigelbe zusammen mit dem gesiebten Puderzucker schaumig rühren. Die Konfitüre und den Weißwein unterrühren und alles in einer Schüssel im heißen Wasserbad dickschaumig aufschlagen. Danach in einem Eiswasserbad kaltschlagen. 250 ml Sahne steif schlagen und unter die Masse ziehen. Eine Form mit Klarsichtfolie auslegen und die Masse hineinfüllen. Über Nacht ins Gefrierfach stellen. Am nächsten Tag die restliche Sahne steif schlagen, evtl. etwas Puderzucker und Zimtpulver zugeben und nochmals durchschlagen. Die Hagebuttenkonfitüre mit dem Cassislikör glatt rühren. Jeweils zwei Scheiben des gefrorenen Hagebuttenparfait auf sechs Tellern anrichten und etwas Zimtsahne dazugeben. Die Hagebuttensoße in kleinen Tropfen auf den Tellerrand und über das Parfait träufeln. Nach Belieben mit kleinen Hagebuttenzweigen dekorieren.

Süße Sonnenwirbel

(für 8–10 Stück)
100 ml Milch
50 g Fruchtzucker
20 g Hefe
200 g Dinkelmehl
175 g Magerquark
30 g Crème fraîche
2 Msp. Zimtpulver
400 g Pfirsichhälften (aus der Dose)
30 g Mandelblättchen

Die Milch in einem Topf erwärmen, 25 g Fruchtzucker zugeben, die Hefe hineinbröckeln und gut verrühren. Das Mehl in eine Schüssel sieben und die Milch-Hefe-Mischung unterrühren. 75 g Quark dazugeben und mit den Knethaken alle Zutaten gründlich verkneten. Dann den Teig zugedeckt an einen warmen Ort stellen und auf das doppelte Volumen aufgehen lassen. In der Zwischenzeit den restlichen Quark und Fruchtzucker mit der Crème fraîche und dem Zimt verrühren. Die Pfirsiche abtropfen lassen und in Spalten schneiden. Den Backofen auf 200° C (Umluft) vorheizen. Den aufgegangenen Hefeteig nochmals durchkneten, ausrollen und 8–10 runde Fladen ausstechen. Jeden Fladen mit etwas Quarkmasse bestreichen und mit den Pfirsichspalten belegen. Zum Schluss mit den Mandelblättchen bestreuen und 15 Minuten backen.

Waldbeerendessert

(für 4 Portionen)
1 Pck. Waldbeeren (tief-gefroren, eignen sich hier besser als frische Früchte!)
1 Becher süße Sahne
1 Pck. Vanillezucker
500 g Naturjoghurt
brauner Zucker (Menge nach Bedarf)

Man beachte: Das Dessert sollte einen Tag vor dem Verzehr angesetzt werden, denn so bildet der Zucker obendrauf eine knackig-süße Kruste. Die aufgetauten Waldbeeren in eine Auflaufform geben und die Früchte gleichmäßig auf dem Boden verteilen. Die Sahne steif schlagen und den Vanillezucker unterrühren. Den Joghurt unter die Sahne heben und das Ganze über die Beeren in die Auflaufform schichten. Den braunen Zucker auf die Joghurt-Sahne-Masse streuen. Das Ganze mehrere Stunden (oder über Nacht) an einem kühlen Ort stehen lassen und dann servieren.

Holunderblütenmousse

(für 4 Portionen)
300 g Naturjoghurt
200 g saure Sahne

100 ml Holunderblütensirup
1 unbehandelte Zitrone
3 Blatt Gelatine
150 ml süße Sahne

Falls möglich: kleine Holunderblütendolden zum Garnieren

Den Joghurt mit der sauren Sahne, dem Sirup und etwas abgeriebener Zitronenschale verrühren. Die Gelatine in heißem Wasser auflösen und unter die Joghurtmasse rühren. Die Sahne steif schlagen, unter die Mousse heben und diese in vier kleine Schälchen oder in eine Schüssel füllen. Vor dem Servieren ca. fünf Stunden kalt stellen. Falls möglich, mit kleinen Holunderblütendolden garnieren, das sieht wunderschön aus!

Liebesspeise

(für 2 Portionen)
1 Pck. rote Götterspeise
(Erdbeer- oder Kirsch)
1 Prise Ingwerpulver
1 Prise Zimtpulver
etwa 20 unbehandelte
Rosenblätter

Die Götterspeise nach Anweisung zubereiten. Solange sie noch flüssig ist, die Gewürze beimischen und das Ganze in eine dekorative Schüssel füllen. Die Rosenblätter darüberstreuen und dabei an den Liebsten oder an die Liebste denken. Einige Stunden in den Kühlschrank stellen, bis die Liebesspeise fest geworden ist.

Knusperbratäpfel

(für 4 Portionen)
4 große Äpfel
150 g feine Haferflocken
60 g Butter
Nüsse und Rosinen
1 El Honig
½ Tl Zimtpulver
2 Tl Zitronensaft

Den Backofen auf 200 °C vorheizen. Die Äpfel waschen, die Stielseite köpfen und das Kerngehäuse herausschälen. Die Haferflocken mit der weichen Butter, den klein gehackten Nüssen, den Rosinen, dem Honig, dem Zimtpulver und dem Zitronensaft verkneten. Die Masse in die ausgehöhlten Äpfel füllen, diese in eine ausgefettete Form stellen und 30–40 Minuten knusprig backen.

Mohncreme mit Rotweinfrüchten

(für 4 Portionen)
50 g Trockenpflaumen
50 g Trockenaprikosen
50 g Rosinen
30 g Feigen
1 TL Zimt
1 Msp. Kardamom

½ TL geriebene Orangenschale
100 ml Rotwein
150 ml Orangensaft
40 g Weizenmehl
75 g gemahlener Mohn
½ TL Zimt
300 ml Milch

40 g Honig
2 EL Zitronensaft
1 TL geriebene Zitronenschale
100 ml süße Sahne
1 Orange
1–2 EL gehackte Pistazien

Die Trockenfrüchte klein schneiden und zusammen mit den Gewürzen und der Orangenschale für mindestens sechs Stunden in Rotwein und Orangensaft einweichen. Das Weizenmehl, den Mohn und den Zimt in etwas Milch glatt rühren. Die restliche Milch dazugeben, unter Rühren aufkochen und etwa drei Minuten köcheln lassen. Dann den Honig, den Zitronensaft und die Zitronenschale einrühren und anschließend abkühlen lassen. Die eingeweichten Früchte mit der Mohncreme vermischen und die Hälfte der steif geschlagenen Sahne unterheben. Die Orange schälen, beide Enden abschneiden und mit einem Messer die Schale und die weiße Haut entfernen. Nun jedes einzelne Filet herausschneiden. Die Creme in vier Schälchen füllen, die restliche Sahne und die Orangenfilets daraufgeben und die Pistazien darüberstreuen.

Birnen in Rotwein

(für 4 Portionen)
4 vollreife Birnen
500 ml Rotwein
Saft von ½ Zitrone
1 Nelke
Zucker
(Menge nach Bedarf)
1 Stück Zimtstange

Die Birnen schälen, halbieren und die Kerngehäuse entfernen. Den Rotwein in einem großen Topf mit dem Zitronensaft, der Nelke, dem Zucker und der Zimtstange zusammen aufkochen. Die Birnenhälften hineinlegen und bei mittlerer Hitze etwa 15 Minuten weich dünsten. Die Birnenhälften herausnehmen und in vier Schälchen anrichten. Den Sud noch etwas einkochen lassen. Dann die Gewürze herausnehmen und den Sud über die Birnen gießen. Nach Belieben warm oder kalt servieren.

Quittenkompott

(für 4 Portionen)
4 Quitten
200 ml Wasser
80 g Zucker
1 EL Zitronensaft
100 ml Weißwein
180 g Naturjoghurt
200 ml süße Sahne

Die Quitten schälen, vierteln, das Kerngehäuse entfernen und das Fruchtfleisch in feine Scheiben schneiden. Mit dem Wasser, dem Zucker und dem Zitronensaft bei geringer Hitze fast weich kochen. Dann die Quitten herausnehmen und einige Scheiben davon beiseitelegen. Den Weißwein dazugießen und die gesamte Flüssigkeit auf 100 ml einkochen. Anschließend alles fein pürieren, den Joghurt unterziehen und das Ganze für einige Zeit im Kühlschrank kühl stellen. Die Schlagsahne steif schlagen und unter das Kompott ziehen. Dieses in vier Portionsschälchen füllen und vor dem Servieren mit den restlichen Quittenscheibchen garnieren.

Einen wahren Hexentrank
probiere und du wirst nie krank,
aus bitter-scharfem Elixier,
trinke ihn und zähl bis vier.
Krötenschleim und Krähenblut,
dieser Trank tut allen gut!

(Ludmilla, Hexe der 7 Elixiere)

Hexenwein

(für ca. 1 l)
2 EL grüne Teeblätter
750 ml Wasser
1 Schnapsglas Rum
1 Schnapsglas Obstler
1 Schnapsglas Wodka
1 Glas (0,2 l) kräftiger Rotwein
2–3 Nelken
1 Zimtstange
1 Prise Pfeffer

Der Hexenwein sollte einen Tag vor Genuss (oder dem Ritual) zubereitet werden! Die grünen Teeblätter mit dem kochenden und etwas abgekühlten Wasser aufgießen und kurze Zeit ziehen lassen. Die alkoholischen Zutaten und die Gewürze dazugeben.
Wenn man alkoholfrei feiern möchte, gibt man statt Rum, Obstler, Wodka und Wein einfach je ein Glas Orangen-, Trauben- und Johannisbeersaft in den grünen Tee.

Hagebuttenwein

(für ca. 1 l)
250 g Hagebutten
30 g Zucker
800 ml Wasser
1 EL Zitronensäure
Weinhefe und
Hefenährsalz (entsprechend der Flüssigkeitsmenge)

Weinhefe und Nährsalz sind in der Apotheke erhältlich. Die Hagebutten entstielen, waschen und mit einem Mixer zerkleinern. Den Zucker in lauwarmem Wasser auflösen und über die Hagebutten gießen. Die Zitronensäure mit der Hefe und dem Nährsalz in etwas Wasser gut auflösen und unter die Hagebutten-Maische rühren. Die Flüssigkeit in einen Glas-Weinballon füllen und mit einem Gärgummi verschließen. Gärröhrchen nach Anweisung aufsetzen und den Ballon an einen warmen Ort stellen. Die Gärung sollte nach 3-5 Tagen einsetzen. Nach drei Wochen den Jungwein (die Flüssigkeit) von der Maische trennen. Die Feststoffe gut ausdrücken und dann den Jungwein wieder zurück in den Ballon füllen. Der Wein ist in diesem Zustand noch trüb. Den Gäraufsatz wieder aufsetzen und den Ballon täglich bewegen und etwas schütteln, das fördert die Gärung. Nach 3-4 Monaten ist die Gärung dann beendet. Jetzt ist der Wein klar und die Feststoffe befinden sich als Bodensatz im Glasballon. Den Hagebuttenwein in sehr saubere Flaschen mit Schraubverschluss abfüllen. (Nicht bis zum Rand füllen, die Flüssigkeit dehnt sich beim Pasteurisieren noch etwas aus.) Hierbei darauf achten, dass der Hefesatz nicht aufgeschüttelt wird. Die verschlossenen Flaschen im Wasserbad (z. B. in einem Glühweinkocher) auf 70° C erhitzen. Den Hagebuttenwein im Keller kühl lagern.

Er eignet sich sehr gut als Dessertwein und als Zusatz im Glühwein. Bestens ist er auch zum Schmoren von Wild- und Geflügelgerichten geeignet.

Magischer Liebestrank

(für ca. 0,75 l)
250 ml Maraschinolikör
1 Eigelb
250 ml süße Sahne
250 ml Kognak
etwas Selleriesaft

Den Maraschinolikör, das Eigelb, die Sahne und den Kognak in ein großes Gefäß geben und gut verrühren. Dann einige Tropfen Selleriesaft hinzufügen, nochmals umrühren und den Trunk in Gläser füllen. Vor dem Essen servieren und folgenden Liebesspruch dazu sprechen:

In den Weiten aller Zeiten
komm in die Enge meiner Fänge!
Komm, du bist mein Durst, du bist mein Hunger!
Ich habe Lust auf große Wunder.
Du bist mir nah an allen Tagen,
mein süßer Honig wird dich laben.
In den Weiten aller Zeiten
komm in die Enge meiner Fänge!

Hexenlikör

(für ca. 1,25 l)
20 g Waldmeister
60 g Melisse
45 g schwarze Johannisbeeren
15 g Thymian
9 g Pfefferminze
8 g Estragon
8 g Pimpernelle
5 g Salbeiblätter
3 g Lavendel
3 g Veilchen
20 g Johanniskraut
1 l Roséwein
250 ml Kirschsaft
1 El Zitronensaft

Alle Zutaten zusammen in einem großen Gefäß mischen, mit einem Deckel verschließen und darin eine Woche ziehen lassen. Dann die Flüssigkeit abseihen und in eine Flaschen abfüllen.

Der Hexenlikör ist gesund für den Magen und die Nerven.

Waldmeisterlikör

(für ca. 1,3 l)
60 g Waldmeister
500 ml Wasser
300 g Zucker
100 ml Alkohol (90%)
erhältlich im Reformhaus
oder in der Apotheke
700 ml Wodka

Den Waldmeister mit einer Schnur bündeln und in ein mit dem Wasser gefülltes Gefäß hängen. Dieses abdecken und über Nacht stehen lassen. Am nächsten Tag den Zucker dazugeben und unter Rühren kurz aufkochen. Den Waldmeister herausnehmen und die Lösung so lange einkochen, bis die Hälfte der Flüssigkeit verdampft ist. Dann abkühlen lassen. Nun den Alkohol dazugießen und die Flüssigkeit in Flaschen füllen. Die gefüllten Flaschen müssen fast voll sein. Die verschlossenen Flaschen vier Wochen lang in die Sonne stellen und dabei gelegentlich schütteln. Anschließend mit Wodka verdünnen.
Der Waldmeisterlikör ist etwa sechs Monate haltbar.

Verbenenlikör

(für ca. 1 l)
150 g frische Verbenenblätter
3 EL Akazien- oder Rosmarinhonig
1 l Obstschnaps
10 Tropfen ätherisches Lemongrasöl
10 Tropfen Orangenöl
einige Blätter frisches Zitronengras

Die Verbenenblätter waschen, klein schneiden, zusammen mit dem Honig in eine große Flasche geben und mit dem Obstler auffüllen. Die Flasche drei Wochen an einem hellen Ort stehen lassen und dabei täglich einmal schütteln. Dann die Blätter abseihen, die Flüssigkeit zurück in die Flasche geben und die ätherischen Öle tropfenweise dazugeben. Weitere 14 Tage reifen lassen. Anschließend in kleinere Fläschchen umfüllen und frische Zitronengras- und Verbenenblätter mit hineingeben.

Dieser intensiv nach Zitrone schmeckende Likör eignet sich besonders für die Herstellung von Mixgetränken, zu Desserts oder, mit Mineralwasser aufgegossen, als erfrischender Sommertrank.

Bittersaft

(für ca. 0,6 l)
500 ml Weißwein
75 g flüssiger Honig
25 ml Wermutsaft

Den Weißwein in einem Topf aufkochen, den Honig zugeben und im Wein vollständig auflösen. Dann den Wermutsaft zugeben und die Flüssigkeit anschließend in eine saubere Flasche (oder zwei kleine Flaschen) füllen.
Der Bittersaft stärkt das Immunsystem!

Waldmeisterbowle

(für ca. 2,7 l)
2 EL Rohrohrzucker
2 l Weißwein
2 Bund angewelkter
Waldmeister
700 ml eisgekühlter Sekt

Mit einem Mörser oder Mixer den Zucker zu feinem Pulver verarbeiten. Die Hälfte des Weißweins mit dem Zucker vermischen. Den Waldmeister zusammenbinden, kopfüber in den gezuckerten Wein hängen und so für eine Stunde ziehen lassen. Dann wieder herausnehmen, den restlichen Wein und den eisgekühlten Sekt dazugeben und die Waldmeisterbowle servieren.

Malvenbowle (alkoholfrei)

(für ca. 1,25 l)
2 Äpfel
1 Tasse Apfelsaft

2 Bananen
1 Orange
1 Zitrone

1 l Malventee (aus 8–10 TL Malvenblüten)

Die getrockneten Malvenblüten mit 1 l heißem (nicht kochendem) Wasser aufgießen und maximal 10 Minuten ziehen lassen. Den Malventee abkühlen lassen. In der Zwischenzeit die Früchte in kleine Stücke schneiden und alle Zutaten in den erkalteten Malventee einrühren. Die Malvenbowle noch für etwa eine Stunde kalt stellen, dann servieren.

Leuchtfeuer

(für ca. 1,5 l)
100 g brauner Zucker und 200 ml Wasser (für den Zuckersirup)
1 l Wasser
2 Beutel schwarzer Tee
2 Beutel schwarzer Tee mit Zitrone
2 EL brauner Zucker
4–6 Scheiben einer unbehandelten Zitrone
Saft von 1–2 Zitronen
500 ml Rotwein
4 TL Rum
4 Zimtstangen
4 Nelken

100 g Zucker und 200 ml Wasser in einen Topf geben und aufkochen lassen, dann offen noch etwa 10 Minuten bei geringer Hitze kochen lassen, sodass ein Zuckersirup entsteht. In einem Topf 1 Liter Wasser zum Kochen bringen. Davon 250–500 ml Wasser in eine große Kanne gießen, die Teebeutel dazugeben sowie 2 EL Zucker. Den Tee genau 4,5 Minuten ziehen lassen (nicht länger, da sonst die Mischung leicht bitter wird). Dann die Teebeutel gut ausdrücken und entfernen. In diese noch heiße Mischung die Zitronenscheiben geben, dann alles leicht abkühlen lassen. Nun das restliche Wasser, sowie den Zitronensaft und den Zuckersirup dazugeben. Zu guter Letzt den Rotwein, den Rum und die Gewürze hinzufügen. Alles zusammen kurz erhitzen (nicht kochen). Vor dem Servieren die Nelken und die Zimtstangen wieder entfernen.

Zasterpunsch

(für ca. 2,25 l)
500 ml brauner Rum
250 ml Kahlua (mexikanischer Kaffeelikör mit Vanille)
2 TL Zucker
1 unbehandelte Orange
1,5 l Kaffee (mit Orangenblütenwasser aromatisieren)
2 mittelgroße Zimtstangen
4 Gewürznelken
¾ TL gemahlene Muskatnuss
1 Mandel pro Person

Den Rum, den Kahlua und den Zucker in eine große, feuerfeste Servierschüssel geben und verrühren. Die Orange in Scheiben schneiden. Die Mischung entzünden und mit dem warmen Kaffee langsam ablöschen. Nun die Gewürze zugeben und die Orangenscheiben darauf schwimmen lassen. Auf Trinktemperatur abkühlen lassen und mit einer Schöpfkelle portionsweise in Kelche füllen. Jeweils eine Mandel zugeben und servieren.

Bitte Vorsicht beim Entzünden! Im Freien macht das Ritual mehr Spaß und ist auch sicherer!

Hagebuttensirup

(für ca. 0,5 l)
2 kg Hagebutten
1 unbehandelte Zitrone
500 ml Wasser
400 g Zucker

Die Hagebutten zunächst waschen, Stiele und Blütenansätze entfernen, halbieren und entkernen. Die Zitrone klein schneiden, zusammen mit den Hagebutten im Wasser aufkochen und ca. 45 Minuten bei mittlerer Hitze ziehen lassen. Den Saft über Nacht durch ein Leinentuch abseihen. Am nächsten Tag den gesiebten Saft zusammen mit dem Zucker in einem großen Topf kurz aufkochen, dann kochend heiß in kleine Flaschen abfüllen und gleich verschließen.

Kühl gelagert hält sich der Sirup ein halbes Jahr.

Fichtennadelsirup

(für ca. 1 l)
2 Hand voll frische grüne
Triebe der Fichte
1 l Wasser
1 kg Zucker

Die Triebe in einen Topf geben und eine Stunde im Wasser kochen lassen. Dann den Zucker zugeben und noch mindestens zwei Stunden köcheln lassen, sodass eine eingedickte Masse entsteht. Gelegentlich umrühren, damit nichts anbrennt. Dann den Sirup in saubere Gläser oder Fläschchen füllen und verschließen.
Er schmeckt außer im Mineralwasser auch
super als Brotaufstrich.

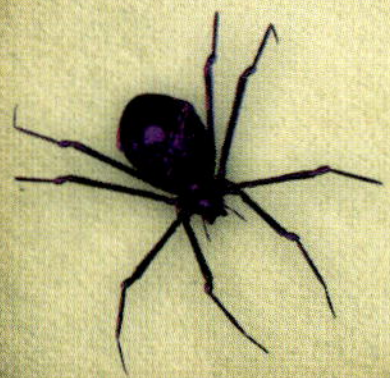

Waldmeistersirup

(für ca. 3 l)
1 Bund Waldmeister
3 l Wasser
2 kg Zucker
60 g Zitronensäure
3 Zitronen

Vor Gebrauch den abgespülten, abgetrockneten Waldmeister etwa 12 Stunden anwelken lassen. Das Wasser mit dem Zucker so lange kochen, bis die Flüssigkeit klar wird. Auskühlen lassen. Die Zitronensäure mit etwas Zuckersirup anrühren und zum restlichen Sirup geben. Die Zitrone in Scheiben schneiden und mit dem Waldmeister dazugeben. Zugedeckt mindestens fünf Tage lang an einem kühlen Ort stehen lassen. Dann abseihen und in Flaschen füllen. Die Flaschen stets kühl aufbewahren! Der Waldmeistersirup eignet sich prima zum Marinieren von Früchten oder zum Aromatisieren von Mineralwasser.

Kraft- und Energietrank

(für ca. 0,1 l)
12–15 Minzeblätter
5–8 Blätter Rosmarin
1 großes Blatt Salbei
100 ml Wasser
1 Prise Zimt
Zucker
Honig zum Nachsüßen

Die Kräuter im Wasser zum Kochen bringen, die Gewürze hinzufügen und alles gut verrühren. Nachdem der Trank abgekühlt ist, ihn in ein Gefäß füllen und eventuell mit Honig nachsüßen.
Jetzt kommt das Wichtigste! Den Trank siebenmal schütteln und folgenden Zauberspruch sprechen:

Energie, Mut und Kraft
entsteige aus dem Kräutersaft,
komm und fließ in mich hinein,
lass mich stark und glücklich sein!

Brennnesselbier

(für ca. 4 l)
18 g frische Ingwerknolle
900 g frische Brennnesselblätter
4 l Wasser
je 1 Prise Zitronen- und Orangenschale, fein gerieben
300 g Zucker
65 g Rohrzucker
1 TL Bierhefe

Den Ingwer klein schneiden und im Mörser zerstoßen. Die Brennnesselblätter waschen und in 2,5 l Wasser in einem großen Topf zum Kochen bringen. Den zerstoßenen Ingwer und die geriebene Zitronen- und Orangenschale hinzugeben. Das Ganze etwa 30 Minuten lang köcheln lassen. Währenddessen in einen zweiten großen Kochtopf den Zucker und den Rohrzucker geben und nun die kochende Flüssigkeit durch ein Sieb dazugießen. Das Ganze verrühren, bis der Zucker komplett aufgelöst ist. Dann weitere 1,5 l Wasser hinzugeben und alles abkühlen lassen, bis es lauwarm ist. 1 TL Bierhefe hineinrühren, anschließend den Topf mit einem Küchentuch abdecken und an einem warmen Ort über Nacht stehen lassen. Am nächsten Tag den Schaum von der Oberfläche schöpfen und das Bier in gut verschließbare Flaschen füllen. Das fertige Brennnesselbier mindestens sieben Tage ruhen lassen.

Holunderblütensaft

(für ca. 2 l)
2 l Wasser
2 kg Zucker
20–30 Holunderblütendolden
50 g Zitronensäure

Zunächst das Wasser leicht erhitzen und den Zucker darin auflösen. Die Holunderblütendolden und die Zitronensäure dazugeben, alles vermischen und drei Tage ziehen lassen. Wichtig dabei: täglich umrühren! Danach den Sud abseihen und fünf Minuten köcheln lassen. Der Holunderblütensaft ist nun fertig und kann in Flaschen abgefüllt werden. Kühl gelagert, hält er ein gutes Jahr. Täglich getrunken, wirkt dieser Saft sehr abwehrstärkend!

Trank der Glückseligkeit

(für ca. 1 l)
1 Hand voll Stiefmütterchenblüten
1 Hand voll Borretschblüten
1 l Wasser
Saft einer Zitrone
brauner Zucker oder Honig
Zitronenscheiben oder Blüten zum Garnieren

Am besten unbehandelte Blüten aus dem eigenen Garten ernten. Die Blüten vom Stiel zupfen und 12 Stunden lang im warmen Wasser ziehen lassen. Danach abseihen, den Zitronensaft und Zucker oder Honig nach Geschmack zu der Flüssigkeit hinzugeben. In Trinkgläser füllen und mit je einer Zitronenscheibe oder frisch gepflückten, heiter stimmenden Blüten garnieren.

Reinigungstee/Meditationstee

(für ca. 1 l)
1 TL Anis
1 TL Lavendel
1 Lorbeerblatt
1 TL Kamillenblüten
1 TL Pfefferminze
1 TL Fenchel
1 TL Thymian
1 TL Zitronensaft
1 l Wasser

Alle Zutaten werden zusammen in eine Teekanne gegeben und mit heißem Wasser überbrüht. Den Tee mindestens 15 Minuten ziehen lassen.

Ginseng-Ingwer-Süßholztee

(für ca. 0,5 l)
10 g Ginsengwurzel-Pulver
10 g Ingwerpulver
10 g Süßholz (geraspelt)
1 klein geschnittene Dattel
500 ml Wasser
Honig zum Süßen

Die oben genannten Zutaten in 500 ml Wasser kurz aufkochen lassen, nach 9-10 Minuten durchsieben und mit Honig süßen. Eine Tasse täglich über 2-3 Wochen trinken!

Wirkt bei regelmäßigem Genuss erotisierend und anregend.

Artischocken-Löwenzahn-Entschlackungstee

(für ca. 1 l)
1 Bund Löwenzahn
½ Artischocke
1 l Wasser
Honig zum Nachsüßen

Den Löwenzahn eventuell von der Wurzel befreien, waschen und trocken schütteln. Die Artischocke waschen und in Stücke schneiden. Dann zusammen in einem Topf mit 1 l Wasser aufkochen und anschließend etwa fünf Minuten ziehen lassen. Den Tee durch ein Sieb gießen und servieren. Zum Süßen 1 EL Honig dazugeben. Dieser Tee eignet sich gut zum Entschlacken.

Rosen-Marzipanteemischung

(für 700 g)
100 g Duftrosenblüten von Büschen
500 g schwarzer Tee
100 g gehobelte Mandeln
3 Tropfen reines ätherisches Rosenöl

Die Duftrosenblüten kurz mit kaltem Wasser abbrausen, dann z. B. in einer Salatschleuder vortrocknen. Anschließend auf Backpapier verteilen und über Nacht trocknen lassen. Am nächsten Tag eine Dose mit dem schwarzen Tee, den Mandeln und den Rosenblüten schichtweise befüllen. Je nach Durchmesser der Dose ergeben sich bis zu 10 Schichten. Zum Schluss werden 3 Tropfen reines ätherisches Rosenöl auf die oberste Schicht geträufelt. Mit geschlossenem Deckel etwa eine Woche durchziehen lassen. Nun hat man einen feinen aromatischen Rosen-Marzipantee, der wie Schwarztee zubereitet wird.

Schutzteemischung

(für 500 g)
100 g Lavendelblüten
200 g Rosenblüten
200 g Pfefferminzblätter

Die Blüten und Blätter zusammen mischen. Für eine Tasse wird 1 TL mit kochendem Wasser überbrüht und sollte fünf Minuten lang ziehen. Nach dem Abseihen nach Belieben süßen oder auch ungesüßt genießen.

Aus der Mischung kann man auch Schutzsäckchen fertigen oder sie auf dem Sieb räuchern. Lavendel gilt als Schutzpflanze vor unerwünschten Einflüssen und soll hochschwingende Energien anziehen. Ebenso gilt die Rose als magische Pflanze für Schutz, Glück, Liebe und Heilung.

Pfefferminze gar gilt als magische Pflanze für Austreibung und Schutz. Sie soll vor allen möglichen Übeln schützen und gute Wesenheiten anziehen.

Liebeskräutertee

(für ca. 0,5 l)
10 g Salbei
8 g Bohnenkraut
5 g Minze
500 ml Wasser
1 TL Honig

Die Kräuter mit 500 ml kochendem Wasser übergießen und ca. fünf Minuten ziehen lassen. Dann durch ein Sieb gießen und mit dem Honig süßen.
Dieser Spruch dazu gesprochen, wird wahre Wunder vollbringen!

Aus zwei mach eins, sonst lieber keins,
aus gestern leer mach heute voll,
aus heute nimmer mach morgen immer!
Aus hier und da mach gut und wahr.
Aus hin und her mach immer mehr,
aus niedrem Triebe mach wahre Liebe!

Frühlingserwachen

(für 4 Portionen)
½ Bund Petersilie
250 ml Apfelsaft
250 ml Selleriesaft
250 ml Karottensaft
Saft von 1 Zitrone

Die Petersilie waschen, trocken schütteln, die Stiele entfernen und die Blättchen fein hacken. Die Säfte zusammen in einen Mixer geben oder in einem Gefäß mit dem Pürierstab mixen. In vier Saftgläser füllen, eventuell noch Eiswürfel dazugeben und mit der Petersilie bestreuen.

Dieser Trank weckt die Lebensgeister und hilft bei Frühjahrsmüdigkeit!

Schlehensaft

(für ca. 3 l)
2 kg Schlehen
3 l Wasser
etwas Zitronensaft
½ TL Zimt
250 g Zucker

Falls die Schlehen vor dem ersten Frost gesammelt wurden, sollte man sie noch für 1–2 Nächte in die Gefriertruhe legen, sie sind dann nicht mehr bitter und die fruchtige Note kommt mehr hervor. Dann die Schlehen verlesen, in einem Sieb waschen, abtropfen lassen und in eine große Schüssel geben. Das kochende Wasser über die Schlehen gießen und diese 24 Stunden zugedeckt ziehen lassen. Danach das Wasser abseihen, auffangen, erneut zum Kochen bringen und wieder über die Schlehen gießen und über Nacht ziehen lassen. Diesen Vorgang vier- bis siebenmal wiederholen, denn je häufiger, desto intensiver der Geschmack. Nach dem letzten Durchgang das Ganze abseihen, die Schlehen wegwerfen, den Saft aufkochen lassen, den Zucker einrühren und mit Zitronensaft und Zimt abschmecken. In saubere, heiß ausgewaschene Flaschen füllen und diese gut verschließen. Kühl gelagert hält sich der Saft über mehrere Jahre. Zitrone und Zimt kann man auch erst später vor dem Genuss mit ins Glas geben.

Mit Wasser verdünnt oder pur, der Saft schmeckt sehr lecker und enthält viele Vitamine.

Kannst du es wieder mal nicht lassen,
den Nachbarn bis aufs Blut zu hassen,
pflanz im frühen Morgengrauen
einen kleinen Fliederbaum.
Eins, zwei, drei, und du wirst sehn,
Neid und Habgier wird vergehn.

(Hexe Ahn'Myrica, die Wankelmütige)

Fahre von mir, böse Macht,
hab ein Feuer nun entfacht,
treib die bösen Geister aus,
lasset von mir, fahrt hinaus!

(Hexe Bra Salvia, die Seelenlose)

Schwefel, Pech und Rattentier,
alles dies, das wünsch ich dir.
Dass du seist auf nimmer froh,
Hexenspuk, nun sei es so!

(Hexe Aluka Basil, die Unbeherrschte)

Schreckensmacht und Tyrannei,
alles Übel geht vorbei!
Oh sehnsuchtsvolles, holdes Glück,
kehre bald zu mir zurück!

(Großhexe Hazel, die Gezeichnete)

Soll deine Angebetete oder dein Angebeteter
sich dir zuwenden,
so mische beim Zubereiten der Speise oder des
Tranks etwas deines
Speichels dazu und sprich die folgenden
Worte:
„Auf dass die größe Liebe du mir schenkst
und keine andre Liebe kennst."
Schon nach einem Biss oder einem Schluck
wird der Liebeszauber entfacht!

(Hexe Esmeralda Castanea, Wächterin der Sinne)

Um dich vor finstren Mächten zu schützen,
so gebrauche des Morgens, vor Sonnenaufgang,
folgendes Ritual:
Brühe etwas der Schutztee-Mischung auf,
trinke diese und sprich folgende Worte:
„Gib mir Schutz in allen Lagen,
Kraft für alles, was da kommen mag!
Bin nun gewappnet zu ertragen
und bring mich sicher durch den Tag."

(Hexe Artemisia, die Beherzte)

Möchtest du deinem kranken Nächsten
heilende Kräfte zur Genesung senden,
so zünde eine Kerze an, denke fest an
jenen und sprich diese Worte:
„Krankheit und Schwäche sollen weichen,
Kraft und Heilung send ich dir zu!
Brauchst heut noch nicht zu beichten,
Leid und Ungemach lässt dich in Ruh."

(Hexe Miluieth, die Freundliche)

Willst du, dass dein Zauber wirkt,
geh mit Geschirr und Hexentracht
zu einer Lichtung, welche dich verbirgt
bei Vollmondlicht, in tiefster Nacht.

Sodann bereite deine Speise,
male auf ein Pentagramm.
Entfache dann auf Hexenweise
ein Feuer für den Zauberbann.

Tanz um's Feuer, sing schlimme Lieder,
lass das Feuer nicht erlöschen.
Sprich den Zauber immer wieder,
doch lass dich dabei nicht erwischen.

(Großhexe Eehl' Broin, die Krächzende)

Quidquid agis, prudénter agás et réspice finem!

Gesta Romanorum 103

Impressum

Konzeption und Illustrationen: Eckhard Freytag
Text: Andrea Bender
Layout und Satz: Mathias Weil

ISBN: 978-3-905851-90-8